Mehr über unsere Bücher, Autoren und Illustratoren
unter www.esslinger-verlag.de

Einband- und Innentypografie: Christine Sassie
Reproduktion: Schwabenrepro GmbH, Fellbach
Druck und Bindung: Livonia Print, Riga, Lettland

FSC
www.fsc.org
MIX
Papier aus verantwortungsvollen Quellen
FSC® C002795

in der Thienemann-Esslinger Verlag GmbH
Blumenstraße 36, 70182 Stuttgart
www.thienemann-esslinger.de
Printed in Latvia
ISBN 978-3-480-23706-7

Ida Bohatta

Wunderschöne Weihnachtszeit

Geschichten, Lieder und Rezepte

esslinger

Inhaltsverzeichnis

A, a, a, der Winter, der ist da

Advent, Advent, ein Lichtlein brennt

Alle Jahre wieder

Ich backe zu Weihnachten

Plätzchen

Kuchen, Muffins und Co

Konfekt

A, a, a,
der Winter,
der ist da

Schneeflöckchen

Es deckt der Herr zur Wintersruh
so liebevoll die Blümlein zu
mit seinen eignen Händen.
Das soll dir stets ein Zeichen sein,
dass Gottes Lieb dich nie verlässt,
sie schließt sogar die Blümlein ein,
denn sie kann niemals enden.

Du armes Spätzchen,
du tust mir schrecklich Leid,
nun hast du kein Zuhause,
dein Nestlein ist verschneit.
Da ist es wohl ein großes Glück,
dass du als lieber Gast
in meinem Herzen drinnen
ein zweites Nestlein hast.

Wie Gott will, erblühen sie,
all die Blümlein brav,
wie Gott will, gehn sie zur Ruh,
liegen sie still im Schlaf,
wie Gott will, erwachen sie,
blühen neu auf Erden,
darum sollst du, wie Gott will,
auch ein Blümlein werden.

Das ist schön, ein Plätzlein finden,
wenn man müde ist vom Wandern,
und ich möchte gar zu gerne
recht viel Plätzchen bei den andern;
denn das allerschönste Plätzchen,
das es hier auf Erden gibt,
um sich richtig auszuruhen,
ist ein Herzlein, das uns liebt.

„Mich hält es nirgends lange,
ich kann gar nicht beschreiben,
wie oft ich schon auf Reisen war,
hier aber werd ich bleiben.“
„Wie weißt du denn das so genau,
dass du uns nicht verlässt?“
„Ich fühle es im linken Bein,
denn das friert eben fest.“

„Wenn man so von Dauer ist“,
spricht der Schneemann, „das ist schön.
Freilich kann ich selber schmelzen
und recht bald in Nichts vergehn.
Doch ich hab die liebe Freude
vielen Kinderlein gegeben:
Aus der Freude wird Erinnern
und so werd ich weiterleben.“

Das hat der Herr so schön gemacht,
dass aus dem Schnee und Eis
zur Winterszeit ein Blümlein blüht,
Schneeröslein, so weiß.
Das hat der Herr so schön gemacht,
dass uns aus Leid und Mühn,
aus Nöten und Sorgen
die lieben Freuden blühn.

Wo das liebe Christkind geht,
bleibt ein goldner Schein,
darum glitzert in der Weihnacht
wohl der Schnee so rein.
Wo du gehst, da bring auch du
Licht auf diese Erde.
Deine Werke, gut und rein,
sollen deine Lichtlein sein,
dass dein Leben Gott zur Ehr
eine Weihnacht werde.

Ida Bohatta

A, a, a, der Winter, der ist da

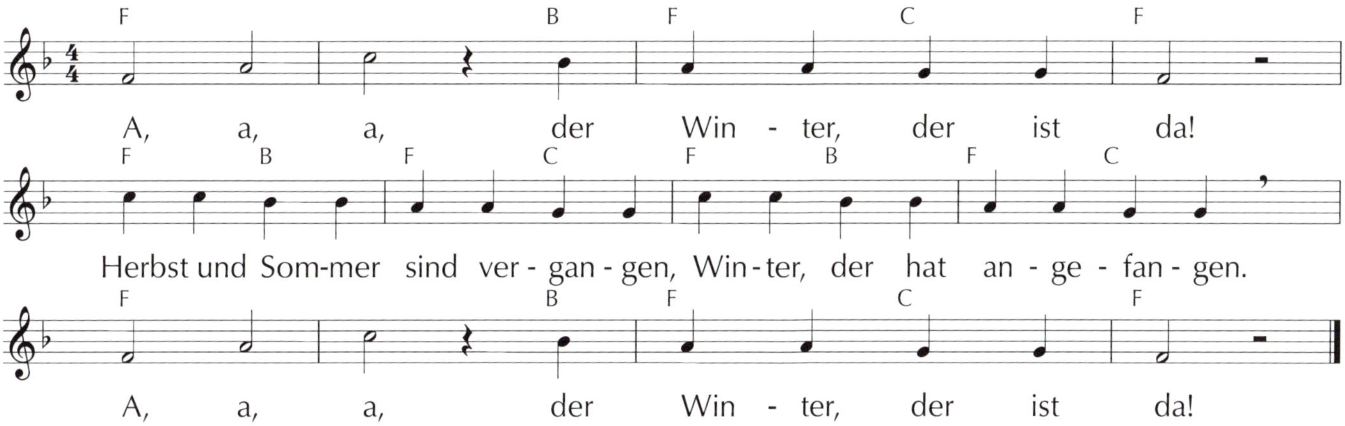

E, e, e, er bringt uns Eis und Schnee,
malt uns gar zum Zeitvertreiben
Blumen an die Fensterscheiben.
E, e, e, er bringt uns Eis und Schnee.

I, i, i, vergiss die Armen nie!
Wenn du liegst in warmen Kissen,
denk an die, die frieren müssen!
I, i, i, vergiss die Armen nie!

O, o, o, wie sind wir Kinder froh!
Sehen jede Nacht im Traume
uns schon unterm Weihnachtsbaume.
O, o, o, wie sind wir Kinder froh!

U, u, u, jetzt weiß ich, was ich tu!
Hol den Schlitten aus dem Keller
und dann fahr ich immer schneller.
U, u, u, jetzt weiß ich, was ich tu!

Ein Lied hinter dem Ofen zu singen

Der Winter ist ein rechter Mann,
kernfest und auf die Dauer;
sein Fleisch fühlt sich wie Eisen an
und scheut nicht süß noch sauer.

War je ein Mann gesund, ist er's;
er krankt und kränkelt nimmer,
weiß nichts von Nachtschweiß noch Vapeurs
und schläft im kalten Zimmer.

Er zieht sein Hemd im Freien an
und lässt's vorher nicht wärmen
und spottet über Fluss im Zahn
und Kolik in Gedärmen.

Aus Blumen und aus Vogelsang
weiß er sich nichts zu machen,
hasst warmen Drang und warmen Klang
und alle warmen Sachen.

Doch wenn die Füchse bellen sehr,
wenn's Holz im Ofen knittert
und um den Ofen Knecht und Herr
die Hände reibt und zittert;

wenn Stein und Bein vor Frost zerbricht
und Teich und Seen krachen,
das klingt ihm gut, das hasst er nicht,
dann will er sich totlachen. –

Sein Schloss von Eis liegt ganz hinaus
beim Nordpol an dem Strande;
doch hat er auch ein Sommerhaus
im lieben Schweizerlande.

Da ist er denn bald dort, bald hier,
gut Regiment zu führen.
und wenn er durchzieht, stehen wir
und sehn ihn an und frieren.

Matthias Claudius

Piep und Maus im Winter zu Haus

Heinzelmann ruft voll Bedenken:
„Liebe Maus, ich glaube fast,
nie bekommst du alle satt,
weil du zu viel Kinder hast."
Doch das Mäuschen weiß es besser:
„Zu viel Kinder, aber nein,
denn ich liebe meine Mäuschen,
doch das Töpfchen ist zu klein."

„Oh bitte, helft mir, Heinzelmann,
weil ich in großer Sorge bin,
und gebt mir einen guten Rat:
Wo leg ich meine Nüsschen hin?"
„Frau Eichhorn, drüber freu ich mich,
den Platz kann ich Euch sagen:
Den Nüsslein kann nichts mehr geschehn,
sind sie in meinem Magen."

„Ich brauche einen Winterrock,
genau wie meinen alten
und wieder schwarz,
denn das macht schlank,
und, bitte, ohne Falten!"
„Herr Wühlauf, keine Sorge,
ich messe sehr genau, auf Ehr,
der neue Pelz wird sitzen,
als ob er angewachsen wär!"

Bitte, tretet alle ein
in den Krümchenstreuverein.
Euch zum Danke singen dann
froh die lieben Vögelein.
Alle Menschen hören zu,
wenn sie auch nicht Mitglied sind,
und das rührt vielleicht ihr Herz
und bestimmt auch deins, mein Kind.

Herr Heinzel lud ein Häschen ein,
das Häschen sprach: „Ich bin so frei“,
und aß sich satt und legte ihm
zum Dank dafür ein rotes Ei.
Dann lief es wieder in den Wald;
nun ratet schnell: Wer war denn das?
Ihr wisst es alle ganz bestimmt –
es war der liebe ... !

Schlupfi lässt sich nicht gern waschen,
hat sich hinterm Bett verborgen.
„Nun, wie viel Kinder wollen
denn ein Frühstück heute Morgen?"
„Eins, zwei, drei, vier, fünf", zählt Heinzel.
Schlupfi schreit, so laut er kann:
„Bitte sechs!", und kommt beim Waschen
gleich als Allernächster dran.

Ja, wenn ich kein Spätzchen wär,
müsste ich mich schämen,
diese Hilfe, Heinzelmann,
ohne Dank zu nehmen.
Doch mit meiner Kehle Gold
nehmt Ihr wohl vorlieb –
denn Ihr wisst, kein Vöglein sonst
kann das hohe Piep.

„Ei, du hast die Maus gepflegt
und das Spätzchen war dein Gast;
sicher ist's nun deine Freude,
dass du endlich Ruhe hast."
„Meine größte Freude ist,
dass ich weiß, ich werde morgen,
wenn ich in der Früh erwache,
wiederum für andre sorgen."

Ida Bohatta

Schneeflöckchen, Weißröckchen

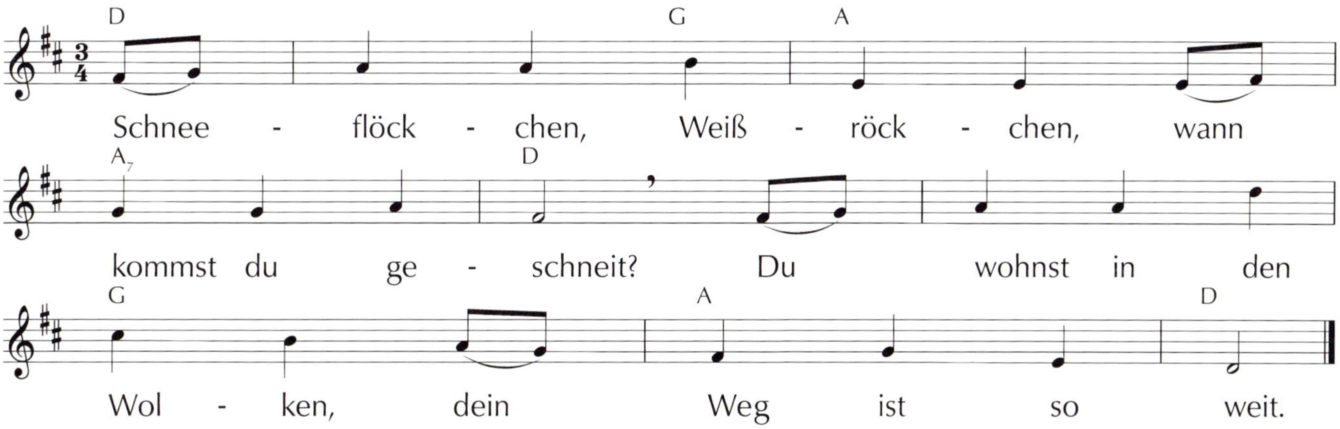

Komm, setz dich ans Fenster,
du lieblicher Stern,
malst Blumen und Blätter,
wir haben dich gern.

Schneeflöckchen, du deckst uns
die Blümelein zu,
dann schlafen sie sicher
in himmlischer Ruh.

Schneeflöckchen, Weißröckchen,
komm zu uns ins Tal,
dann baun wir den Schneemann
und werfen den Ball.

Schneeflöckchen, Weißröckchen,
du Wintervöglein,
willkommen, willkommen
bei Groß und bei Klein.

Leise rieselt der Schnee

In den Herzen ist's warm,
still schweigt Kummer und Harm,
Sorge des Lebens verhallt,
freue dich, Christkind kommt bald!

Bald ist Heilige Nacht
Chor der Engel erwacht,
hört nur, wie lieblich es schallt,
freue dich, Christkind kommt bald!

Es schneit, hurra, es schneit!

Es schneit, hurra, es schneit!
Schneeflocken weit und breit!
Ein lustiges Gewimmel
kommt aus dem grauen Himmel.
Was ist das für ein Leben!
Sie tanzen und sie schweben.
Sie jagen sich und fliegen,
der Wind bläst vor Vergnügen.
Und nach der langen Reise,
da setzen sie sich leise
aufs Dach und auf die Straße –
und frech dir auf die Nase!

Advent,
Advent,
ein Lichtlein
brennt

Die Himmelsküche

Das gute Jahr

„Schnell aus dem Wolkenbett heraus
und bürstet euch die Flüglein aus,
flink wascht Gesicht und Hände rein,
es wird viel Weihnachtsarbeit sein!
Gerade hat im Himmelsbuch
das Christkind nachgelesen,
die Kinder sind in diesem Jahr
besonders brav gewesen."

Die Prüfung

„Wer weiß denn, wie man Kringlein macht?"
„Man nimmt dazu, ich bitte sehr,
ein wenig Mehl, vom Zucker mehr,
drei Eier, Butter, rührt es fein,
sieht rechtzeitig ins Backrohr rein.
Doch wenn man einmal drauf vergisst,
wird es am allerbesten sein,
wenn man die Kringlein selber isst."

Die Weihnachtsbäckerei

Die Kinder wüssten gar zu gern,
was da die Englein backen.
Ob es wohl groß ist oder klein?
Ob's knusprig ist, schmeckt es auch fein?
Ob's mürbe ist? Ob dunkel, licht?
Mit Schokolade oder nicht?
Ob's hart ist, ob es leicht zerbricht?
So fragen sie und noch viel mehr,
und ich würd's gern verraten,
wenn es nicht ein Geheimnis wär.

Die Kostprobe

Das Englein bäckt noch nicht sehr lang
und deshalb ist ihm schrecklich bang,
dass seine Weihnachtsbäckerei
am Ende nicht geraten sei.
Drum kostet jetzt das Schwesterlein,
und weil es immer wieder nimmt,
bis alles aufgegessen ist,
weiß nun das Englein ganz bestimmt,
es muss ihm doch gelungen sein.

Die kranken Püppchen

Die vierte Wolkenstiege links,
die erste Tür geradeaus,
da ruhen in der Weihnachtszeit
sich alle kranken Püppchen aus.
Sie trinken süßen Himmelstee
aus kleinen Puppentassen,
und wen das Kranksein nicht mehr freut,
der wird gesund entlassen.

Das kleine Englein

Weil uns das Christkind helfen lehrt,
drum wollte auch das Engelein
recht eifrig in der Küche sein
und brannte sich die Fingerlein.
Das Christkind macht' das Händchen heil,
nur ein ganz kleines Fleckchen blieb,
und seither hat das Jesuskind
das Engelein besonders lieb.

Die Nachbestellung

Ich überrasch' das Christkindlein
und will heut ganz gehorsam sein,
ist es auch noch so schwer.
Dann freut es sich, das Jesuskind,
und sagt dem Engelein geschwind:
„Schreib', bitte, in dein Buch hinein:
Ein braves Kindchen mehr!"

Die Weihnachtskiste

Es packen liebe Engelein
für dich die Weihnachtskiste ein.
Da gibt es was zu schauen!
Doch leider guckt gerade
der gute alte Mond herein,
und dem ist nicht zu trauen.
Da denken sich die Engelein:
Er plaudert's aus, und hopp, im Nu
klappt gleich die Kiste wieder zu.
Wie schade!

Ida Bohatta

Advent, Advent

Advent, Advent,
ein Lichtlein brennt,
erst eins, dann zwei,
dann drei, dann vier,
dann steht das Christkind
vor der Tür.

Der kleine Tannenbaum

Es war einmal ein kleiner Tannenbaum im tiefen Tannenwalde, der wollte so gerne ein Weihnachtsbaum sein. Aber das ist gar nicht so leicht, als man das meistens in der Tannengesellschaft annimmt, denn der heilige Nikolaus ist in der Beziehung sehr streng und erlaubt nur den Tannen als Weihnachtsbaum in Dorf und Stadt zu spazieren, die dafür ganz ordnungsmäßig in seinem Buch aufgeschrieben sind. Das Buch ist ganz erschrecklich groß und dick, so wie sich das für einen guten alten Heiligen geziemt, und damit geht er im Walde herum in den klaren kalten Winternächten und sagt es allen den Tannen, die zum Weihnachtsfeste bestimmt sind. Und dann erschauern die Tannen, die zur Weihnacht erwählt sind, vor Freude und neigen sich dankend. Dazu leuchtet des Heiligen Heiligenschein und das ist sehr schön und sehr feierlich. Und der kleine Tannenbaum im tiefen Tannenwalde, der wollte so gerne ein Weihnachtsbaum sein. Aber manches Jahr schon ist der heilige Nikolaus in den klaren kalten Winternächten an dem kleinen Tannenbaum vorbeigegangen und hat wohl ernst und geschäftig in sein erschrecklich großes Buch geguckt, aber auch nichts und gar nichts dazu gesagt. Der arme kleine Tannenbaum war eben nicht ordnungsmäßig vermerkt – und da ist er sehr, sehr traurig geworden und hat ganz schrecklich geweint, sodass es ordentlich tropfte von allen Zweigen.

Wenn jemand so weint, dass es tropft, so hört man das natürlich, und diesmal hörte das ein kleiner Wicht, der ein grünes Moosröcklein trug, einen grauen Bart und eine feuerrote Nase hatte und in einem dunklen Erdloch wohnte. Das Männchen aß Haselnüsse, am liebsten hohle, und las Bücher, am liebsten dicke, und war ein ganz boshaftes kleines Geschöpf. Aber den Tannenbaum mochte es gerne leiden, weil es oft von ihm ein paar grüne Nadeln geschenkt bekam für sein gläsernes Pfeifchen, aus dem es immer blaue ringelnde Rauchwolken in die goldene Sonne blies – und darum ist der Wicht auch gleich herausgekommen, als er den Tannenbaum so jämmerlich weinen hörte und hat gefragt: „Warum weinst du denn so erschrecklich, dass es tropft?" – Da hörte der kleine Tannenbaum etwas auf zu tropfen und erzählte dem Männchen sein Herzeleid.
Der Wicht wurde ganz ernst und seine glühende Nase glühte so sehr, dass man befürchten konnte, das Moosröcklein finge Feuer, aber es war ja nur die Begeisterung und das ist nicht gefährlich. Der Wichtelmann war also begeistert davon, dass der kleine Tannenbaum im tiefen Tannenwalde so gerne ein Weihnachtsbaum sein wollte, und sagte bedächtig, indem er sich aufrichtete und ein paar Mal bedeutsam schluckte:
„Mein lieber kleiner Tannenbaum, es ist zwar unmöglich, dir zu helfen, aber ich bin eben ich und mir ist es vielleicht doch nicht unmöglich, dir zu helfen. Ich bin nämlich mit einigen Wachslichtern, darunter mit einem ganz bunten, befreundet, und die will ich bitten, zu dir zu kommen. Auch kenne ich ein großes Pfefferkuchenherz, das allerdings nur flüchtig – aber jedenfalls will ich sehen, was sich machen lässt. Vor allem aber weine nicht mehr so erschrecklich, dass es tropft."

Damit nahm der kleine Wicht einen Eiszapfen in die Hand als Spazierstock und wanderte los durch den tiefen weißverschneiten Wald, der fernen Stadt zu. Es dauerte sehr, sehr lange, und am Himmel schauten schon die ersten Sterne der heiligen Nacht durchs winterliche Dämmergrau auf die Erde hinab und der kleine Tannenbaum war schon wieder

ganz traurig geworden und dachte, dass er nun doch wieder kein Weihnachtsbaum sein würde. Aber da kam's auch schon ganz eilig und aufgeregt durch den Schnee gestapft, eine ganze kleine Gesellschaft: der Wicht mit dem Eiszapfen in der Hand und hinter ihm sieben Lichtlein – und auch eine Zündholzschachtel war dabei, auf der sogar was draufgedruckt war und die so kurze Beinchen hatte, dass sie nur mühsam durch den Schnee wackeln konnte.

Wie sie nun alle vor dem kleinen Tannenbaum standen, da räusperte sich der kleine Wicht im Moosröcklein vernehmlich, schluckte ein paar Mal gar bedeutsam und sagte: „Ich bin eben ich – und darum sind auch alle meine Bekannten mitgekommen. Es sind sieben Lichtlein aus allervornehmstem Wachs, darunter sogar ein buntes, und auch die Zündholzschachtel ist aus einer ganz besonders guten Familie, denn sie zündet nur an der braunen Reibfläche. Und jetzt wirst du also ein Weihnachtsbaum werden. Was aber das große Pfefferkuchenherz betrifft, das ich nur flüchtig kenne, so hat es auch versprochen zu kommen, es wollte sich nur noch ein Paar warme Filzschuhe kaufen, weil es gar so kalt ist draußen im Walde. Eine Bedingung hat es freilich gemacht: Es muss gegessen werden, denn das müssen alle Pfefferkuchenherzen, das ist nun mal so. Ich habe schon einen Dachs benachrichtigt, den ich sehr gut kenne und dem ich einmal in einer Familienangelegenheit einen guten Rat gegeben habe. Er liegt jetzt im Winterschlaf, doch versprach er, als ich ihn weckte, das Pfefferkuchenherz zu verspeisen. Hoffentlich verschläft er's nicht!"

Als das Männchen das alles gesagt hatte, räusperte es sich wieder vernehmlich und schluckte ein paar Mal gar bedeutsam und dann verschwand es im Erdloch. Die Lichtlein aber sprangen auf den kleinen Tannenbaum hinauf und die Zündholzschachtel, die aus so guter Familie war, zog sich ein Zündholz nach dem anderen aus dem Magen, strich es an der braunen Reibfläche und steckte alle die Lichtlein der Reihe nach an. Und wie die Lichtlein brannten und leuchteten im tiefverschneiten Walde, da ist auch noch keuchend und atemlos vom eiligen Laufen das Pfefferkuchenherz angekommen und hängte sich sehr freundlich und verbindlich mitten in den grünen Tannenbaum, trotzdem es nun doch die warmen Filzschuhe unterwegs verloren hatte und arg erkältet war. Der kleine Tannenbaum aber, der so gerne ein Weihnachtsbaum sein wollte, der wusste gar nicht, wie ihm geschah, dass er nun doch ein Weihnachtsbaum war.

Am anderen Morgen aber ist der Dachs aus seiner Höhle gekrochen, um sich das Pfefferkuchenherz zu holen. Und wie er ankam, da hatten es die kleinen Englein schon gegessen, die ja in der heiligen Nacht auf die Erde dürfen und die so gerne die Pfefferkuchenherzen speisen. Da ist der Dachs sehr böse geworden und hat sich bitter beklagt und ganz furchtbar auf den kleinen Tannenbaum geschimpft.

Dem aber war das ganz einerlei, denn wer einmal in seinem Leben seine heilige Weihnacht gefeiert hat, den stört auch der frechste Frechdachs nicht mehr.

Manfred Kyber

Sankt Nikolaus

Sankt Niklaus träumt von seinem Weg
mit all den vielen Mühen,
dann träumt er von der Weihnachtszeit,
von Ostern und vom Blühen.
Und hat grad von der Erntezeit
zu träumen angefangen,
da wird er ganz leis aufgeweckt:
Es ist ein Jahr vergangen.

Ein kleiner Engel kommt daher,
muss bitter sich beklagen;
weil es noch freche Kinder gibt,
soll er die Rute tragen.
Es wollen alle artig sein
und gar nichts Böses machen,
sodass man keine Rute braucht,
dann kann das Englein lachen!

Wer hat seine Stube bereit gemacht?
Wer hat an die Kranken freundlich gedacht?
Wer hat den Armen zu essen gebracht?
Wer hat ein Herz, so gut und so rein?
Wer lässt den heiligen Nikolaus ein?

Du bist so gut, Sankt Nikolaus,
schenkst alles gerne her
und bis du in den Himmel kommst,
ist auch dein Säckchen leer.
Wir danken dir, weil du so lieb
zu uns gewesen bist.
Nimm drum Gebete von uns mit
für den Herrn Jesus Christ.

Wer gut zu allen Tieren ist,
darf in dem Häuschen wohnen.
Dann kommt der heil'ge Nikolaus
ihn reichlich zu belohnen.
Wir pflegen unser Hündchen gern
und werden Vögeln Futter streun,
wir haben unser Kätzchen lieb
und ziehen schnell ins Häuschen ein.

Sankt Niklaus geht von Tür zu Tür
und gibt recht sorgsam Acht,
damit das kleine Engelchen
auch alles richtig macht.
Und ist ein Kind besonders lieb,
gibt Niklaus seinen Segen,
dann muss der Engel in den Schuh
ein Extrastückchen legen.

Sankt Nikolaus hält Schule
im Jahr nur einen Tag,
und jeder darf sein Schüler sein,
wenn er nur lernen mag.
Sankt Nikolaus zeigt uns den Weg
zum Himmelreich empor,
wer arme Menschen gern beschenkt,
rückt eine Klasse vor.

Im nächsten Jahr bin ich schon groß,
da helf ich dem Sankt Nikolaus
und geh zu armen Kindern hin
und trage Nüss' und Äpfel aus.
Dann hat das kleinste Engelchen
nicht mehr so weit zu fliegen
und kann um diese Zeit schon längst
in seinem Bettchen liegen.

Ida Bohatta

Lasst uns froh und munter sein

Dann stell ich den Teller auf,
Niklaus legt gewiss was drauf.
Lustig, lustig, tralalalala,
bald ist Niklausabend da,
bald ist Niklausabend da.

Wenn ich schlaf, dann träume ich:
Jetzt bringt Niklaus was für mich.
Lustig, lustig, tralalalala,
bald ist Niklausabend da,
bald ist Niklausabend da.

Wenn ich aufgestanden bin,
lauf ich schnell zum Teller hin.
Lustig, lustig, tralalalala,
bald ist Niklausabend da,
bald ist Niklausabend da.

Niklaus ist ein guter Mann,
dem man nicht g'nug danken kann.
Lustig, lustig, tralalalala,
bald ist Niklausabend da,
bald ist Niklausabend da.

Knecht Ruprecht

Von drauß', vom Walde komm ich her.
Ich muss euch sagen, es weihnachtet sehr!
Allüberall auf den Tannenspitzen
sah ich goldene Lichtlein sitzen.
Und droben aus dem Himmelstor
sah mit großen Augen das Christkind hervor.
Und wie ich so strolcht' durch den finsteren Tann,
da rief's mich mit heller Stimme an:
„Knecht Ruprecht", rief es, „alter Gesell,
hebe die Beine und spute dich schnell!
Die Kerzen fangen zu brennen an,
das Himmelstor ist aufgetan.
Alt und Jung sollen nun
von der Jagd des Lebens einmal ruhn.
Und morgen flieg ich hinab zur Erden,
denn es soll wieder Weihnachten werden!"
Ich sprach: „O lieber Herre Christ,
meine Reise fast zu Ende ist.
Ich soll nur noch in diese Stadt,
wo's lauter gute Kinder hat."

Der Bratapfel

Kinder, kommt und ratet,
was im Ofen bratet!
Hört, wie's knallt und zischt.
Bald wird er aufgetischt,
der Zipfel, der Zapfel,
der Kipfel, der Kapfel,
der gelbrote Apfel.

Kinder, lauft schneller,
holt einen Teller,
holt eine Gabel!
Sperrt auf den Schnabel
für den Zipfel, den Zapfel,
den Kipfel, den Kapfel,
den goldbraunen Apfel!

Sie pusten und prusten,
sie gucken und schlucken,
sie schnalzen und schmecken,
sie lecken und schlecken
den Zipfel, den Zapfel,
den Kipfel, den Kapfel,
den knusprigen Apfel.

O Tannenbaum, o Tannenbaum

O Tannenbaum, o Tannenbaum,
du kannst mir sehr gefallen!
Wie oft hat nicht zur Weihnachtszeit
ein Baum von dir mich hocherfreut!
O Tannenbaum, o Tannenbaum,
du kannst mir sehr gefallen.

O Tannenbaum, o Tannenbaum,
dein Kleid will mich was lehren:
Die Hoffnung und Beständigkeit
gibt Mut und Kraft zu jeder Zeit!
O Tannenbaum, o Tannenbaum,
dein Kleid will mich was lehren.

Alle Jahre wieder

Vom Christkind

Denkt euch –
ich habe das Christkind gesehn!
Es kam aus dem Walde,
das Mützchen voll Schnee,
mit gefrorenem Näschen.
Die kleinen Hände taten ihm weh;
denn es trug einen Sack, der war gar schwer,
schleppte und polterte hinter ihm her.
Was drin war, möchtet ihr wissen?
Ihr Naseweise, ihr Schelmenpack –
meint ihr, er wäre offen, der Sack?
Zugebunden bis oben hin!
Doch war gewiss etwas Schönes drin:
Es roch so nach Äpfeln und Nüssen!

Anna Ritter

Alle Jahre wieder

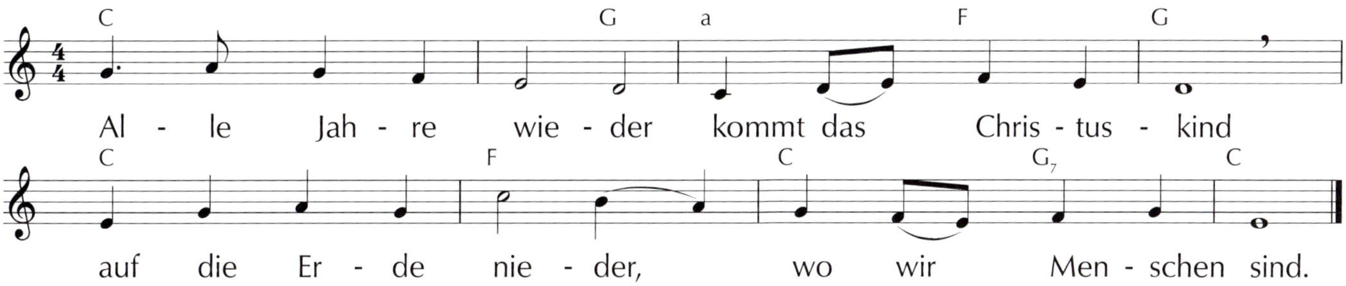

Kehrt mit seinem Segen ein in jedes Haus,
geht auf allen Wegen mit uns ein und aus.

Steht auch mir zur Seite, still und unerkannt,
dass es treu mich leite an der lieben Hand.

Christkind

Die Nacht vor dem Heiligen Abend,
da liegen die Kinder im Traum,
sie träumen von schönen Sachen
und von dem Weihnachtsbaum.

Und während sie schlafen und träumen,
wird es am Himmel klar,
und durch den Himmel fliegen
drei Engel wunderbar.

Sie tragen ein holdes Kindlein,
das ist der Heil'ge Christ,
es ist so fromm und freundlich
wie keins auf Erden ist.

Und wie es durch den Himmel
still über die Häuser fliegt,
schaut es in jedes Bettchen,
wo nur ein Kindlein liegt,

und freut sich über alle,
die fromm und freundlich sind;
denn solche liebt von Herzen
das liebe Himmelskind.

Wird sie auch reich bedenken
mit Lust aufs allerbest'
und wird sie schön beschenken
zum lieben Weihnachtsfest.

Heut schlafen noch die Kinder
und sehn es nur im Traum,
doch morgen tanzen und springen
sie um den Weihnachtsbaum.

Robert Reinick

Ihr Kinderlein, kommet

O seht in der Krippe im nächtlichen Stall,
seht hier bei des Lichtleins hell glänzendem Strahl,
den lieblichen Knaben, das himmlische Kind,
viel schöner und holder als Engel es sind!

Da liegt es, das Kindlein, auf Heu und auf Stroh,
Maria und Josef betrachten es froh;
die redlichen Hirten knien betend davor,
hoch oben schwebt jubelnd der Engelein Chor.

O beugt wie die Hirten anbetend die Knie,
erhebet die Händlein und danket wie sie,
stimmt freudig, ihr Kinder, wer wollt sich nicht freun,
stimmt freudig zum Jubel der Engel mit ein!

Die heilige Nacht

Es war an einem Weihnachtstag, alle waren zur Kirche gefahren, außer Großmutter und mir. Ich glaube, wir beide waren im ganzen Hause allein. Wir hatten nicht mitfahren können, weil die eine zu jung und die andere zu alt war. Und alle beide waren wir betrübt, dass wir nicht zum Mettegesang fahren und Weihnachtslichter sehen konnten. Aber wie wir so in unserer Einsamkeit saßen, fing Großmutter zu erzählen an.

„Es war einmal ein Mann“, sagte sie, „der in die dunkle Nacht hinausging, um sich Feuer zu leihen. Er ging von Haus zu Haus und klopfte an. ‚Ihr lieben Leute, helft mir!‘, sagte er. ‚Mein Weib hat eben ein Kindlein geboren, und ich muss Feuer anzünden, um sie und den Kleinen zu erwärmen.‘ Aber es war tiefe Nacht, sodass alle Menschen schliefen, und niemand antwortete ihm. Der Mann ging und ging.

Endlich erblickte er in weiter Ferne einen Feuerschein. Da wanderte er dieser Richtung zu und sah, dass das Feuer im Freien brannte. Eine Menge weißer Schafe lagen rings um das Feuer und schliefen, und ein alter Hirt wachte über der Herde. Als der Mann, der Feuer leihen wollte, zu den Schafen kam, sah er, dass drei große Hunde zu Füßen des Hirten ruhten und schliefen.

Sie erwachten alle drei bei seinem Kommen und sperrten ihre weiten Rachen auf, als ob sie bellen wollten, aber man vernahm keinen Laut. Der Mann sah, dass sich die Haare auf ihrem Rücken sträubten, er sah, wie ihre scharfen Zähne funkelnd weiß im Feuerschein leuchteten und wie sie auf ihn losstürzten. Er fühlte, dass einer nach seiner Hand schnappte und dass einer sich an seine Kehle hängte. Aber die Kinnladen und die Zähne, mit denen die Hunde beißen wollten, gehorchten ihnen nicht, und der Mann litt nicht den kleinsten Schaden.

Nun wollte der Mann weitergehen, um das zu finden, was er brauchte. Aber die Schafe lagen so dicht nebeneinander, Rücken an Rücken, dass er nicht vorwärts kommen konnte. Da stieg der Mann auf die Rücken der Tiere und wanderte über sie hin dem Feuer zu. Und keins von den Tieren wachte auf oder regte sich."

So weit hatte Großmutter ungestört erzählen können, aber nun konnte ich es nicht lassen, sie zu unterbrechen. „Warum regten sie sich nicht, Großmutter?", fragte ich. „Das wirst du nach einem Weilchen schon erfahren", sagte Großmutter und fuhr mit ihrer Geschichte fort.

„Als der Mann fast beim Feuer angelangt war, sah der Hirt auf. Es war ein alter, mürrischer Mann, der unwirsch und hart gegen alle Menschen war. Und als er einen Fremden kommen sah, griff er nach seinem langen, spitzigen Stabe, den er in der Hand zu halten pflegte, wenn er seine Herde hütete, und warf ihn nach ihm. Und der Stab fuhr zischend gerade auf den Mann los, aber ehe er ihn traf, wich er zur Seite und sauste an ihm vorbei, weit über das Feld."

Als Großmutter so weit gekommen war, unterbrach ich sie abermals. „Großmutter, warum wollte der Stock den Mann nicht schlagen?" Aber Großmutter ließ es sich nicht einfallen, mir zu antworten, sondern fuhr mit ihrer Erzählung fort.

„Nun kam der Mann zu dem Hirten und sagte zu ihm: ‚Guter Freund, hilf mir und leih mir ein wenig Feuer. Mein Weib hat eben ein Kindlein geboren, und ich muss Feuer machen, um sie und den Kleinen zu erwärmen.'

Der Hirt hätte am liebsten nein gesagt, aber als er daran dachte, dass die Hunde dem Mann nicht hatten schaden können, dass die Schafe nicht vor ihm davongelaufen waren und dass sein Stab ihn nicht fällen wollte, da wurde ihm ein wenig bange, und er wagte es

nicht, dem Fremden das abzuschlagen, was er begehrte. ‚Nimm, so viel du brauchst‘, sagte er zu dem Manne.

Aber das Feuer war beinahe ausgebrannt. Es waren keine Scheite und Zweige mehr übrig, sondern nur ein großer Gluthaufen, und der Fremde hatte weder Schaufel noch Eimer, worin er die roten Kohlen hätte tragen können.

Als der Hirt dies sah, sagte er abermals: ‚Nimm, so viel du brauchst!‘ Und er freute sich, dass der Mann kein Feuer wegtragen konnte. Aber der Mann beugte sich hinunter, holte die Kohlen mit bloßen Händen aus der Asche und legte sie in seinen Mantel. Und weder versengten die Kohlen seine Hände, als er sie berührte, noch versengten sie seinen Mantel, sondern der Mann trug sie fort, als wenn es Nüsse oder Äpfel gewesen wären."

Aber hier wurde die Märchenerzählerin zum dritten Mal unterbrochen. „Großmutter, warum wollte die Kohle den Mann nicht brennen?"

„Das wirst du schon hören", sagte Großmutter, und dann erzählte sie weiter.

„Als dies der Hirt, der ein so böser, mürrischer Mann war, dies alles sah, begann er sich bei sich selbst zu wundern: ‚Was kann dies für eine Nacht sein, wo die Hunde die Schafe nicht beißen, die Schafe nicht erschrecken, die Lanze nicht tötet und das Feuer nicht brennt?‘ Er rief den Fremden zurück und sagte zu ihm: ‚Was ist dies für eine Nacht? Und woher kommt es, dass alle Dinge dir Barmherzigkeit zeigen?‘

Da sagte der Mann: ‚Ich kann es dir nicht sagen, wenn du selber es nicht siehst.‘ Und er wollte seiner Wege gehen, um bald ein Feuer anzünden und Weib und Kind wärmen zu können.

Aber da dachte der Hirt, er wolle den Mann nicht ganz aus dem Gesicht verlieren, bevor er erfahren hätte, was dies alles bedeute. Er stand auf und ging ihm nach, bis er dorthin kam, wo der Fremde daheim war.

Da sah der Hirt, dass der Mann nicht einmal eine Hütte hatte, um darin zu wohnen, sondern er hatte sein Weib und sein Kind in einer Berggrotte liegen, wo es nichts gab als nackte, kalte Steinwände.

Aber der Hirt dachte, dass das arme unschuldige Kindlein vielleicht dort in der Grotte erfrieren würde, und obgleich er ein harter Mann war, wurde er davon doch ergriffen und beschloss, dem Kinde zu helfen. Und er löste sein Ränzel von der Schulter und nahm daraus ein weiches, weißes Schaffell hervor. Das gab er dem fremden Manne und sagte, er möge das Kind darauf betten.

Aber in demselben Augenblick, in dem er zeigte, dass auch er barmherzig sein konnte, wurden ihm die Augen geöffnet, und er sah, was er vorher nicht hatte sehen, und hörte, was er vorher nicht hatte hören können.

Er sah, dass rund um ihn ein dichter Kreis von kleinen, silberbeflügelten Englein stand. Und jedes von ihnen hielt ein Saitenspiel in der Hand, und alle sangen mit lauter Stimme, dass in dieser Nacht der Heiland geboren wäre, der die Welt von ihren Sünden erlösen sollte.

Da begriff er, warum in dieser Nacht alle Dinge so froh waren, dass sie niemand etwas zuleide tun wollten. Und nicht nur rings um den Hirten waren Engel, sondern er sah sie überall. Sie saßen in der Grotte, und sie saßen auf dem Berge, und sie flogen unter dem Himmel. Sie kamen in großen Scharen über den Weg gegangen, und wie sie vorbeikamen, blieben sie stehen und warfen einen Blick auf das Kind.

Es herrschte eitel Jubel und Freude und Singen und Spiel, und das alles sah er in der dunklen Nacht, in der er früher nichts zu gewahren vermocht hatte. Und er wurde so froh, dass seine Augen geöffnet waren, dass er auf die Knie fiel und Gott dankte.“

Aber als Großmutter so weit gekommen war, seufzte sie und sagte: „Aber was der Hirte sah, das können wir auch sehen, denn die Engel fliegen in jeder Weihnachtsnacht unter dem Himmel, wenn wir sie nur zu gewahren vermögen.“

Und dann legte Großmutter ihre Hand auf meinen Kopf und sagte: „Dies sollst du dir merken, denn es ist so wahr, wie dass ich dich sehe und du mich siehst. Nicht auf Lichter und Lampen kommt es an, und es liegt nicht an Mond und Sonne, sondern was Not tut, ist, dass wir Augen haben, die Gottes Herrlichkeit sehen können.“

Selma Lagerlöf

Süßer die Glocken nie klingen

O, wenn die Glocken erklingen,
schnell sie das Christkindlein hört,
tut sich vom Himmel dann schwingen,
eilet hernieder zur Erd.
Segnet den Vater, die Mutter, das Kind.
Segnet den Vater, die Mutter, das Kind.
Glocken mit heiligem Klang,
klinget die Erde entlang.

Klinget mit lieblichem Schalle
über die Meere noch weit,
dass sich erfreuen doch alle
seliger Weihnachtszeit.
Alle aufjauchzen mit herrlichem Sang.
Alle aufjauchzen mit herrlichem Sang.
Glocken mit heiligem Klang,
klinget die Erde entlang.

Weihnachten

Markt und Straßen stehn verlassen,
still erleuchtet jedes Haus,
sinnend geh ich durch die Gassen,
alles sieht so festlich aus.

An den Fenstern haben Frauen
buntes Spielzeug fromm geschmückt,
tausend Kindlein stehn und schauen,
sind so wunderstill beglückt.

Und ich wandre aus den Mauern,
bis hinaus ins freie Feld,
hehres Glänzen, heil'ges Schauern!
wie so weit und still die Welt!

Sterne hoch die Kreise schlingen,
aus des Schnees Einsamkeit
steigt's wie wunderbares Singen –
o du gnadenreiche Zeit!

Joseph von Eichendorff

Weihnachtslied

Vom Himmel in die tiefsten Klüfte
ein milder Stern herniederlacht;
vom Tannenwalde steigen Düfte
und hauchen durch die Winterlüfte,
und kerzenhelle wird die Nacht.

Mir ist das Herz so froh erschrocken,
das ist die liebe Weihnachtszeit!
ich hörte fernher Kirchenglocken
mich lieblich heimatlich verlocken
in märchenstille Herrlichkeit.

Ein frommer Zauber hält mich wieder,
anbetend, staunend muss ich stehn;
es sinkt auf meine Augenlider,
ein goldner Kindertraum hernieder,
ich fühl's, ein Wunder ist geschehn.

Theodor Storm

Der Esel des Sankt Nikolaus

Das weiß jedes Kind, dass Sankt Nikolaus einen Esel hat, um all die unzähligen Säcke mit Nüssen, Äpfeln und Lebkuchen zu schleppen, die sein Herr braucht, wenn er am Sankt-Nikolaus-Tag zu den Kindern geht, um nachzufragen, ob sie auch artig gewesen das Jahr hindurch. Er hatte natürlich nicht immer denselben Esel während der vielen, vielen Jahre, in denen er die Städte und Dörfer durchzog. Aber es waren doch immer Esel aus derselben Familie und fast immer sah einer aus wie der andere. Der Sohn folgte auf den Vater und der Vater war nach dem Großvater unverdrossen mit dem guten Sankt Nikolaus durch den Schnee gestapft.

All diese Eselchen sahen schön silbergrau aus und hatten eine schwarze Mähne und große Augen. Alle waren fleißig und folgsam, wie

sich's gehört, wenn man der Esel des Sankt Nikolaus sein will.
Als nun der Winter wieder einmal gekommen war, der Schnee in dicken Flocken zur Erde fiel und die Weihnachtszeit nahe war, da kam Sankt Nikolaus in den Stall, wo das Eselchen stand, klopfte ihm auf den glatten Rücken und sagte: „Nun, mein Graues, wollen wir uns wieder auf die Reise machen?"
Der Esel stampfte lustig mit den Füßen und wieherte leise. So zogen sie denn zusammen aus, der Esel hochbepackt mit Säcken, Sankt Nikolaus in seinem dicken Schneemantel, mit hohen Stiefeln und großen Pelzhandschuhen. Wenn sie so durch das Feld zogen, knirschte der Schnee unter ihren Füßen und ihr Atem flog in großen Wolken um sie herum. Aber Sankt Nikolaus lachte doch mit seinen fröhlichen alten Augen in die Welt hinein und das Eselchen schüttelte sich vor Vergnügen, sodass die silbernen Glöcklein weit über das Feld klangen.
Im nächsten Dorf kehrten sie ein, denn sie waren beide hungrig. Sankt Nikolaus stellte sein Eselchen in den Stall und setzte sich selbst in die warme Stube zu einem Teller Suppe. Im Stall standen schon ein paar Pferde. Auch ein Esel war unter ihnen und gerade neben diesem – es war ein großer Mülleresel – kam unser Eselchen zu stehen.
„Was bist denn du für ein Kauz?", fragte der Große verächtlich.
„Ich bin der Esel des Sankt Nikolaus", antwortete stolz unser Grauer.
„So", höhnte der Müllereselt, „da bist du auch

etwas Rechtes. Immer hinter dem Alten herlaufen, im Schnee stehen vor den Häusern, fast erfrieren und verhungern, ehe du wieder in deinen Stall kommst. Keinen rechten Lohn, immer dasselbe Futter jahraus, jahrein. Ich würde mir so etwas nicht gefallen lassen."
„Ja, hast du es denn besser?", fragte ganz erstaunt das Eselchen. „Du musst doch auch Säcke tragen, oder nicht?"
„Natürlich", prahlte der Esel. „Aber nur, wenn ich will. Und zwischendurch laufe ich herum und gehe, wohin ich will. Habe ich Hunger, so komme ich heim und fresse, aber nicht nur dein lumpiges Heu, nein, Hafer, so viel es mir beliebt, und Brot und Zucker bringt man mir."
Das Eselchen glaubte dem Aufschneider alles, denn bei Sankt Nikolaus hatte es natürlich nicht lügen gelernt. Solch ein Leben erschien ihm beneidenswert, denn Hafer, Brot und Zucker bekam es nur selten.
„Es war natürlich nicht immer so", fuhr der Mülleresel fort. „Aber einmal lief ich einfach davon und kam acht Tage nicht wieder heim. Seither lassen sie mich machen, was ich will. Weißt du was, lauf deinem Alten auch einmal davon und lass ihn seine Säcke allein schleppen! Du sollst sehen, wie es nachher anders wird. Lauf, lauf, die Tür ist eben offen, und du bist nicht angebunden!"

Das Eselchen, das wirklich ein rechtes Eselchen war, wurde ganz verwirrt im Kopf von all dem Neuen. Da der große Esel ihm Achtung einflößte und man auf das Böse viel leichter hört als auf das Gute, es auch große Lust hatte, einmal eine Reise auf eigene Faust zu machen, so besann es sich nicht lange und ging wirklich zur Tür hinaus. Dort schüttelte es sich, schlug übermütig aus, dass der Schnee davonstob, und galoppierte zum Hof hinaus, über die Straße, durch den Kartoffelacker und lief in den Wald. Dort sprang es hin und her, rannte mit den Hasen um die Wette, spielte mit den Hirschen und Rehlein und machte hohe Sprünge, um den Schnee abzuschütteln, der von den Tannen auf seinen Rücken fiel.
„Kroa, Kroa, da ist ja das Eselchen des Sankt Nikolaus!", riefen ein paar Raben, die über das Feld geflogen kamen und Sankt Nikolaus oft gesehen hatten, wenn er mit seinem Grauen über Land zog. „Wie kommst denn du hierher?" – „Ganz allein", sagte stolz das Eselchen, „und sobald gehe ich nicht wieder heim. Mir ist es verleidet, immer Säcke zu tragen, ich will nun ein wenig meine Freiheit genießen."
„Und Sankt Nikolaus?", fragten die Rehe und Hirsche und Hasen, denn sie kannten ihn alle.

„O der", sagte das böse Eselchen, „muss sich nun einen andern suchen oder seine Säcke selber tragen." Es sprang davon, immer weiter in den Wald hinein.

Da begegnete es einem Burschen mit einem Gewehr. „Du kommst mir gerade recht!", lachte er und schwang sich auf das Eselchen. Er war oben, ehe es recht wusste, wie ihm geschah, und all sein Bocken und Ausschlagen half ihm nichts. Mehr als zwei Stunden musste es ihn durch den Wald tragen, bis er vor dem nächsten Dorf abstieg.

Das Eselchen war müde und hungrig geworden. Es lief auf eine große Wiese, um etwas Essbares zu suchen. Der Schnee war aber sehr hoch und hart gefroren und das Eselchen fand nicht das kleinste Kräutlein. Als es weiterlief, sah es am Ende der Wiese, nah am Waldesrand, ein altes Mütterchen gehen, das auf seinem Rücken eine große Bürde Holz schleppte. Mühsam und langsam ging es vorwärts und atmete schwer. Das Eselchen, das im Grunde ein gar liebes Eselchen war und bei Sankt Nikolaus nur Gutes gelernt hatte, ging ganz nahe zu dem Mütterchen hin und blieb vor ihm stehen. Es senkte auch seinen Kopf und sah mit seinen klugen Augen die alte Frau so aufmunternd an, dass diese das Tier wohl verstand. Sogleich lud sie ihm ihr Holz auf den Rücken, tätschelte ihm den Hals und machte: „Hü!" Das Eselchen trottete sanft hinter dem Mütterchen her, bis sie das kleine Häuschen erreicht hatten, weit draußen vor dem Dorf.

Kaum war das Holz abgeladen, so kamen die Enkelkinder der Alten, sprangen um den Esel herum und riefen: „Ach, lass mich reiten, lass mich reiten!“

Das Eselchen, das von Sankt Nikolaus gelernt hatte, die Kinder lieb zu haben, ließ sie reiten. Erst die Mädchen, dann die Buben, dann wieder die Mädchen und wieder die Buben. Zuletzt saßen zwei auf, ritten gegen das Dorf, schrien „hü“ und „hott“ und schwangen ihre Mützen. Vor dem Dorf warf das Eselchen sie ab und es gab ein großes Gelächter und Geschrei. Darauf sprangen die Kinder heim.

Das Eselchen lief weiter und wusste nicht so recht, wohin es gehen sollte. Es war schon müde und Hunger und Durst hatte es auch. Es kam an einem Brunnen vorbei und wollte trinken, aber da war alles gefroren und nur tropfenweise rann das Wasser aus der Holzröhre. Das Eselchen leckte daran, aber es konnte damit seinen Durst nicht stillen. Auch zu fressen fand es nichts. Langsam lief es in den Wald zurück und dachte an seinen warmen Stall, an das viele Heu, das es immer bekam, und an den guten Sankt Nikolaus, der ihm jedes Mal dabei über den Rücken strich.

Traurig ging es vorwärts. Hier und da fiel ein Tannenzapfen herunter oder es krachte ein dürrer Ast, aber sonst war alles still. Die Dämmerung kam und dem Eselchen wurde es unheimlich. Wenn es nur den Weg gewusst hätte! Wenn es doch nur wieder daheim wäre, dachte es betrübt und senkte den Kopf tief, tief herunter.

Nachdem der gute Sankt Nikolaus seine Suppe gegessen hatte, ging er in den Stall, um das Eselchen herauszuholen. Aber da war kein Eselchen mehr! Er suchte es überall und fragte alle Leute, ob sie sein Eselchen nicht gesehen hätten, aber niemand hatte es gesehen. Da kam er auf die Straße und sah im Kartoffelacker Spuren von kleinen Hufen. Er ging den Spuren nach und kam bald in den Wald. Da krächzten über ihm ein paar Raben: „Kroa, Kroa, dein Eselchen ist im Wald!“ Sie flogen vor ihm her und zeigten ihm eine Weile den Weg. Als sie nicht mehr weiter wussten, kamen die Hirsche und Rehe und sagten: „Sankt Nikolaus, dein Eselchen ist zum Dorf gelaufen!“ Sankt Nikolaus lief bis zum Dorf und war schon recht müde. Da begegnete er einem Hasen, der über ein Krautfeld lief. Der machte ein Männchen, dass die Löffel kerzengerade in die Höhe standen, und sagte: „Sankt Nikolaus, dein Eselchen ist hinter dem Dorf im Wald, ich habe es eben gesehen. Es steht unter einer Tanne und lässt die Ohren hängen.“

Und richtig, als Sankt Nikolaus den Hügel hinter dem Dorf hinaufstieg, sah er das Eselchen ganz traurig stehen. Es war so müde, dass es nicht einmal den Kopf wandte, als es Schritte hörte.

„Graues!“, rief Sankt Nikolaus. Potztausend, was machte das Eselchen da für einen Sprung und wie lief es hin zu Sankt Nikolaus, den es, obwohl es ganz dunkel war, gleich erkannte. Es tanzte vor Freude, schmiegte sich dicht an ihn und rieb seinen Kopf an dem weichen, wohlbekannten Pelzmantel.

„Aber Graues“, sagte Sankt Nikolaus, „was machst du für Sachen!“ Da schämte sich das Eselchen ganz gewaltig.

Sankt Nikolaus nahm es am Zaum. Die beiden guten Freunde trotteten durch den Schnee zur nächsten Herberge und als das Eselchen auf sauberem Stroh im Stalle stand, das duftende Heu vor sich, und Sankt Nikolaus es hinter den Ohren kraulte, da dachte es bei sich: „Diesmal bist du aber ein wirklicher Esel gewesen!“

Und das war die Geschichte von Sankt Nikolaus’ Eselchen!

Lisa Wenger

Morgen, Kinder, wird's was geben

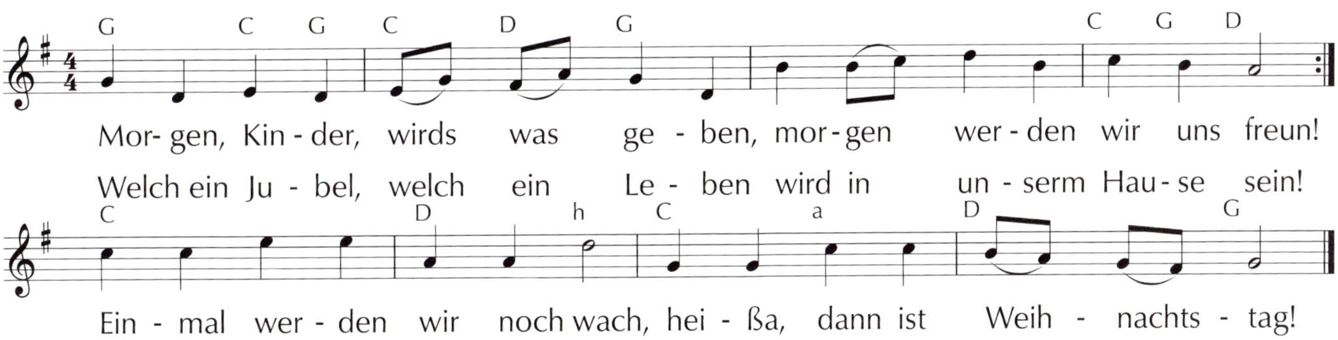

Wie wird dann die Stube glänzen
von der großen Lichterzahl!
Schöner als bei frohen Tänzen
ein geputzter Kronensaal.
Wisst ihr noch, wie vor'ges Jahr
es am Heil'gen Abend war?

Wisst ihr noch die Spiele, Bücher
und das schöne Schaukelpferd,
schönste Kleider, woll'ne Tücher,
Puppenstube, Puppenherd?
Morgen strahlt der Kerzen Schein,
morgen werden wir uns freun!

Vom Himmel hoch, da komm ich her

Er bringt euch alle Seligkeit,
die Gott, der Vater, hat bereit',
dass ihr mit uns im Himmelreich
sollt leben nun und ewiglich.

Euch ist ein Kindlein heut geborn,
von einer Jungfrau auserkorn,
ein Kindelein, so zart und fein,
das soll euer Freud und Wonne sein.

So merket nun das Zeichen recht:
die Krippe, Windelein so schlecht;
da findet ihr das Kind gelegt,
das alle Welt erhält und trägt.

Es ist der Herr Christ, unser Gott,
der will euch führn aus aller Not,
er will euer Heiland selber sein,
von allen Sünden machen rein.

Des lasst uns alle fröhlich sein
und mit den Hirten gehn hinein,
zu sehn, was Gott uns hat beschert
mit seinem lieben Sohn verehrt.

Ihr Hirten

Ihr Hirten, ihr Hirten,
uns ist was geschehn,
wir haben die Engel
im Himmel gesehn.

War einer, der glänzte
wie Sonnenlicht klar;
der stand auf den Wolken
inmitten der Schar.

Die sangen von Freuden,
von Frieden und Ehr,
und dass bei den Menschen
ein Kindelein wär.

Im Stall, in der Krippe
beim Esel und Rind,
daselbst man's gewickelt
in Windeln befindt.

Ihr, Hirten, ihr Hirten,
so kommt von der Hut
und seht, wie es lächelt,
und schaut, wie es ruht.

Doch seid mir hübsch leise,
stör keiner das Kind,
die Reise war weit,
und nun schlummert's gelind.

Rudolf Alexander Schröder

O du fröhliche, o du selige

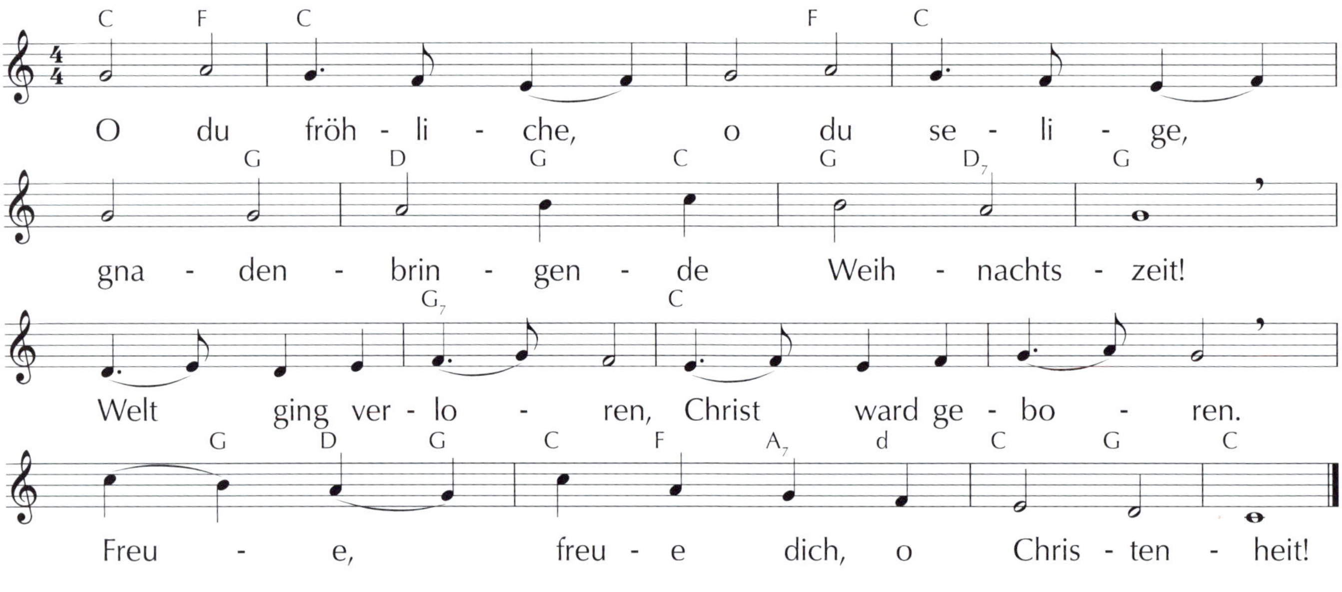

O du fröhliche, o du selige,
gnadenbringende Weihnachtszeit!
Christ ist erschienen, uns zu versühnen.
Freue, freue dich, o Christenheit!

O du fröhliche, o du selige,
gnadenbringende Weihnachtszeit!
Himmlische Heere jauchzen dir Ehre.
Freue, freue dich, o Christenheit!

Vor der Krippe

Zu Bethlehem, da ruht ein Kind,
im Kripplein eng und klein,
das Kindlein ist ein Gotteskind,
nennt Erd' und Himmel sein.

Zu Bethlehem, da liegt im Stall,
bei Ochs und Eselein,
der Herr, der schuf das Weltenall,
als Jesukindchen klein.

Der bunte Baum, vom Licht erhellt,
der freuet uns gar sehr,
ach, wie so arm die weite Welt,
wenn's Jesukind nicht wär!

Annette von Droste-Hülshoff

Die Weihnachtsgeschichte

Es begab sich aber zu der Zeit, dass ein Gebot von dem Kaiser Augustus ausging, dass alle Welt geschätzt würde.
Und diese Schätzung war die allererste und geschah zur Zeit, da Quirinius Statthalter in Syrien war.
Und jedermann ging, dass er sich schätzen ließe, ein jeder in seine Stadt. Da machte sich auf auch Josef aus Galiläa, aus der Stadt Nazareth, in das jüdische Land zur Stadt Davids, die da heißt Bethlehem, weil er aus dem Hause und Geschlechte Davids war, damit er sich schätzen ließe mit Maria, seinem vertrauten Weibe; die war schwanger.
Und als sie dort waren, kam die Zeit, dass sie gebären sollte.

Und sie gebar ihren ersten Sohn und wickelte ihn in Windeln und legte ihn in eine Krippe; denn sie hatten sonst keinen Raum in der Herberge.

Und es waren Hirten in derselben Gegend auf dem Felde bei den Hürden, die hüteten des Nachts ihre Herde.

Und der Engel des Herrn trat zu ihnen, und die Klarheit des Herrn leuchtete um sie; und sie fürchteten sich sehr.

Und der Engel sprach zu ihnen: Fürchtet euch nicht! Siehe, ich verkündige euch große Freude, die allem Volk widerfahren wird; denn euch ist heute der Heiland geboren, welcher ist Christus, der Herr, in der Stadt Davids.

Und das habt zum Zeichen: Ihr werdet finden das Kind in Windeln gewickelt und in einer Krippe liegen.

Und alsbald war da bei dem Engel die Menge der himmlischen Heerscharen, die lobten Gott und sprachen:

Ehre sei Gott in der Höhe und Friede auf Erden bei den Menschen seines Wohlgefallens.

Und als die Engel von ihnen gen Himmel fuhren, sprachen die Hirten untereinander: Lasst uns nun gehen nach Bethlehem und die Geschichte sehen, die da geschehen ist, die uns der Herr kundgetan hat.

Und sie kamen eilend und fanden beide, Maria und Josef, dazu das Kind in der Krippe liegen. Als sie es aber gesehen hatten, breiteten sie das Wort aus, das zu ihnen von diesem Kinde gesagt war. Und alle, vor die es kam, wunderten sich über das, was ihnen die Hirten gesagt hatten. Maria aber behielt alle diese Worte und bewegte sie in ihrem Herzen. Und die Hirten kehrten wieder um, priesen und lobten Gott für alles, was sie gehört und gesehen hatten, wie denn zu ihnen gesagt war.

Nach der Übersetzung Martin Luthers

Stille Nacht, heilige Nacht

Stille Nacht, heilige Nacht!
Hirten erst kundgemacht,
durch der Engel Halleluja
tönt es laut von fern und nah:
Christ, der Retter, ist da,
Christ, der Retter, ist da!

Stille Nacht, heilige Nacht!
Gottes Sohn, o wie lacht
Lieb aus deinem göttlichen Mund,
da uns schlägt die rettende Stund,
Christ, in deiner Geburt,
Christ, in deiner Geburt!

Die heil'gen drei Könige aus Morgenland

Die heil'gen drei Könige aus Morgenland,
sie frugen in jedem Städtchen:
„Wo geht der Weg nach Bethlehem,
ihr lieben Buben und Mädchen?"

Die Jungen und Alten, sie wussten es nicht,
die Könige zogen weiter,
sie folgten einem goldenen Stern,
der leuchtete lieblich und heiter.

Der Stern bleibt stehn über Josephs Haus,
da sind sie hineingegangen;
das Öchslein brüllte, das Kindlein schrie,
die heil'gen drei Könige sangen.

Heinrich Heine

Ich backe zu Weihnachten

von Dagmar von Cramm

Tipps für kleine Zuckerbäcker

Backe, backe Kuchen,
der Bäcker hat gerufen!
Wer will guten Kuchen backen,
der muss haben sieben Sachen …

Die wichtigsten Backzutaten kennst du schon aus dem alten Lied: Eier, Fett, Mehl, Milch und eine Prise Salz. Safran ist ein feines, gelbes Gewürz, das nicht unbedingt in jeden Kuchen muss. Aber eines darf nicht fehlen, wenn das Backwerk süß werden soll: Zucker! Sicher gibt es eine Menge Zutaten, die du noch in einen Kuchen tun kannst: Obst, Nüsse, Rosinen, Vanille, Zimt oder Honig, Hefe oder Backpulver (damit er schön hochgeht). Du kannst natürlich auch salzige Sachen backen mit Käse und Schinken und Kräutern. Hast du alles? Dann kann es losgehen!

Das richtige Maß

Flüssigkeiten misst du am besten mit einem Messbecher ab. Der ist meist in ml, das heißt Milliliter, eingeteilt. Milli ist Lateinisch und heißt auf Deutsch tausend.

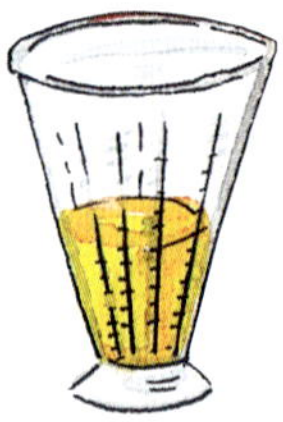

1 l (Liter)	=	1000 ml
½ l = 0,5l	=	500 ml
¼ l = 0,25l	=	250 ml
⅕ l = 0,2l	=	200 ml
⅛ l = 0,125l	=	125 ml

Wenn du keinen Messbecher hast, kannst du auch eine Babyflasche nehmen. Die ist auch in Milliliter eingeteilt und hat meist Platz für 1/4 Liter. Manche Gläser haben einen kleinen Strich am Rand, daneben steht das Maß, z.B. 0,2 – die kannst du auch nehmen.

Das richtige Gewicht

Feste Sachen musst du wiegen – dazu gibt es eine Waage. Und zwar nicht die Personenwaage im Badezimmer – die wiegt nur schwere Dinge genau. Sondern eine kleine Haushaltswaage. Die wiegt in Gramm.

1 kg (Kilogramm) = 1000 g (Gramm)

Pass auf, dass du die Schüssel nicht mitwiegst, sondern nur das Mehl, den Zucker oder die Butter, die du hineintust.

Übrigens: Zur Not kann man mit Messbechern auch feste Dinge wie Mehl, Reis oder Zucker abmessen. Aber das ist ein bisschen ungenau.

Backtemperatur

Was für einen Backofen hast du zu Hause? In unseren Rezepten ist die Temperatur immer für einen ganz normalen Elektro-Backofen angegeben. Aber es gibt ja auch Gasherde. Meistens haben deren Stufen eine bestimmte Temperatur. Frage sicherheitshalber noch einmal deine Eltern – vielleicht sind die Stufen bei euch anders eingeteilt. Schließlich gibt es auch Umluftherde. Die backen etwas heißer – du musst sie kühler einstellen. Hier hast du eine Umrechnungstabelle:

Elektroherd	Gasherd	Umluftherd
160 Grad	Stufe 1	150 Grad
180 Grad	Stufe 2	160 Grad
200 Grad	Stufe 3	170 Grad
220 Grad	Stufe 4	180 Grad

Wenn du Eigelb von Eiweiß trennen musst

Bei manchen Rezepten wird Eischnee gebraucht. Dazu musst du die Eier trennen. Denn Eiweiß lässt sich nur zu Schnee schlagen, wenn es kein Fett enthält. Eigelb besteht aber zum Teil aus Fett. Du musst also sauber trennen: Schlage das Ei vorsichtig an einem Wasserglas auf, brich die beiden Hälften auseinander und behalte das Eigelb in einer Hälfte: Das Eiweiß landet im Glas. Von da aus kannst du es in die blitzsaubere, hohe Rührschüssel umfüllen. Beim Schlagen hilft ein Tröpfchen Zitronensaft – nimm das elektrische Handrührgerät! Gibt es bei dir eher Eierschalenmatsch, besorge einen Eiertrenner, den du am Rand der Rührschüssel einhängst. Und nimm nur frische Eier – die lassen sich am besten trennen und der Eischnee wird schön fest!

Wie du die Backform vorbereitest

Schau dir die Backform erst einmal an: Am besten kannst du mit beschichteten Formen backen. Weißblech klebt leider meistens. In jedem Fall musst du die Form einfetten: Pinsele am besten mit weicher Butter oder Margarine schön dick die Formen aus – die Ecken nicht vergessen! Wenn es im Rezept angegeben ist, danach Semmelbrösel oder geriebene Nüsse hineinstreuen, bis die Form damit rundum bedeckt ist.

Wie du das Backblech vorbereitest

Früher hat man auch das Backblech eingefettet und mit Mehl bestäubt. Aber einfacher ist es, Backpapier zu nehmen: Schneide es zu und lege das Papier auf die richtige Seite! Vielleicht gibt es bei dir zu Hause auch Dauerbackfolie – die brauchst du nach dem Backen nur abzuwischen.

Wenn der Teig zu weich ist …

… dann gibst du noch etwas Mehl dazu. Ist er zu fest, dann einen Löffel kaltes Wasser. Manchmal hilft es auch, festen Teig in der Küche wärmer und weichen Teig im Kühlschrank fester werden zu lassen.

Wie du den Teig am besten ausrollst

Wisch die Arbeitsfläche erst einmal blitzsauber. Dann streust du Mehl darüber. Die Teigrolle musst du auch tüchtig einmehlen. Und dann den Teig mit Mehl bestäuben und ausrollen. Immer wenn er beginnt zu kleben, etwas Mehl nachstreuen.

Der Trick mit der Frischhaltefolie

Bei sehr klebrigen Teigen und bei Marzipan ist es am besten, du rollst den Teig zwischen zwei Blättern Frischhaltefolie aus. Nimm eine kleine Portion Teig und lege sie auf ein schönes Stück Frischhaltefolie. Decke ein ebenso großes Stück Folie darüber. Nun kannst du anfangen zu rollen: Dabei schiebst du mehr als du rollst. Ziehe immer wieder beide Folien rundherum glatt. So kannst du den Teig recht dünn ausrollen. Zum Ausstechen entfernst du die Folie und stürzt den Teig auf den bemehlten oder gezuckerten Tisch.

Backen hat eine ganze Menge mit Hitze zu tun. Und mit Rührmaschinen. Manches Gebäck verlangt sehr viel Geschicklichkeit. Es wäre also toll, wenn dir ein erfahrener Zuckerbäcker hilft. Nach einiger Zeit oder wenn du groß genug bist, hast du so viel Übung, dass du auch einmal alleine backen kannst. Dann solltest du dir zehn Knoten ins Taschentuch machen, damit du an alle folgenden Punkte denkst.

Die zehn Regeln für kleine Bäcker

1. Vor dem Backen Hände waschen auf keinen Fall vergessen!

2. Hast du eine Schürze? Wenn nicht, binde dir ein Geschirrtuch vor den Bauch. Oder ziehe ein altes Oberhemd vom Papa über. Hast du lange Haare, dann flechte dir am besten einen Zopf. Sonst werden es haarige Kekse.

3. Wenn du etwas backen möchtest, lies das Rezept erst ganz gründlich durch – auch wenn es schwer fällt.

4. Lege dir schon alle Zutaten zurecht und besorge, was dir noch fehlt. Das gilt auch für die Geräte, die du brauchst, wie Waage, Löffel, Sieb, Schüssel oder Handrührgerät.

5. Das Wichtigste sind Topflappen oder -handschuhe, damit du dich nicht verbrennst.

6. Überlege dir, wo du das heiße Blech aus dem Ofen sicher abstellen kannst. Am besten recht nahe am Herd auf einem Holzbrett.

7. Hast du eine Eieruhr oder eine Stoppuhr? Die ist wichtig, damit du die richtigen Backzeiten einstellen kannst. Plätzchen verbrennen sehr schnell, weil sie so klein sind!

8. Mach nie nebenher etwas anderes – ein Rezept kann ganz schnell misslingen.

9. Versuche, möglichst wenig Geschirr schmutzig zu machen. Spüle zwischendrin immer wieder mal ab. Und hinterlasse die Küche blitzblank – sonst gibt es Ärger!

10. Hast du den Ofen abgeschaltet? Schau lieber noch einmal nach!

Aber halt – die wichtigste Regel nicht vergessen:

Naschen erlaubt!

Aber nur, wenn du mit superfrischen Eiern aus dem Kühlschrank bäckst. Ältere, bei Zimmertemperatur aufbewahrte Eier können nämlich Salmonellen enthalten (sie können auch auf ungewaschenen Händen sitzen), die sich bei Zimmerwärme vermehren, also auch im rohen Teig. Erst durch die Backhitze werden sie zerstört.

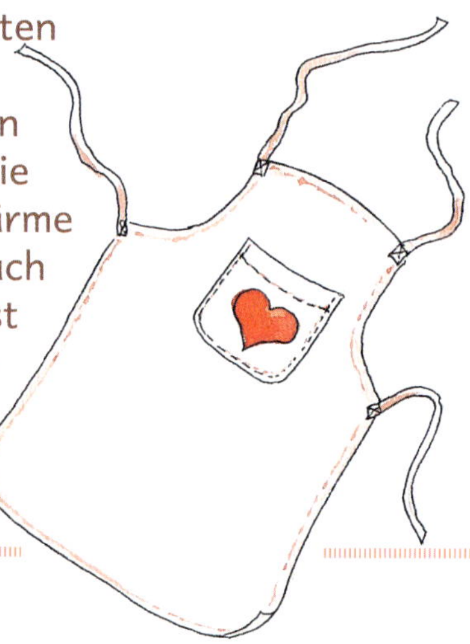

Wie du den Zuckerguss herstellst

Für den Zuckerguss benötigst du nur Puderzucker und sehr wenig Zitronensaft oder Wasser. Je nachdem, wie dick der Guss sein soll, brauchst du 1–2 EL Flüssigkeit auf 100 g Puderzucker. Einfach die Flüssigkeit in den Zucker rühren – fertig. Du kannst den Zuckerguss auch mit einem übrig gebliebenen Eiweiß machen – der hält besonders gut und hilft dir, das Knusperhäuschen zusammenzubauen. Du rührst ein Eiweiß in eine Schüssel und lässt dann 200 g Puderzucker einrieseln, bis ein glatter Guss entsteht. Den gießt du dann über den Kuchen und du wirst sehen, dass es besser war, das Eiweiß nicht wegzuschütten!

So stellst du eine Schokoladenglasur her

Das ist gar nicht so einfach. Am besten ist es, wenn du die Kuvertüre (das ist Schokolade, die besonders schön schmilzt und glatt wird) in einem Wasserbad schmelzen lässt. Das geht so: Du gibst etwas Wasser in einen Topf und erwärmst es bei mittlerer Hitze. Dann nimmst du eine hitzebeständige Schüssel, die gut in diesen Topf passt, und gibst dort die gestückelte Schokolade oder Kuvertüre hinein. Diese Schüssel stellst du dann in den Topf mit dem angewärmten Wasser – eben ins Wasserbad. Das Wasser beginnt zu kochen und die Kuvertüre/Schokolade zu schmelzen. Wenn du rührst, geht es schneller. Der Trick beim Wasserbad: Die Kuvertüre wird nicht zu heiß – sonst kannst du sie nämlich nicht mehr brauchen: Sie wird dann krümelig. Wenn dir das zu lange dauert, kannst du es ja einmal wagen und sie vorsichtig direkt auf dem Herd erhitzen – aber immer rühren und gut aufpassen!

Wie Kuchenglasur schön glatt wird

Bei Kuchen lösen sich schnell Krümel aus der Kruste. Wenn du aber vorher Aprikosenmarmelade mit ein klitzeklein wenig heißem Wasser durch ein Sieb streichst und den Kuchen damit einpinselst, wird die Oberfläche schön glatt. Die Glasur sieht dann super aus! Bei Plätzchen, deren Oberfläche ja schön glatt ist, brauchst du das nicht zu machen.

Wie du Muster malst

Dünne Linien kannst du mit Zuckerguss oder Kuvertüre malen. Auf Lebkuchen sieht das ganz toll aus. Es gibt Spritzbeutel mit Mini-Tülle – die kannst du nehmen. Viel einfacher ist es, wenn du den Guss in einen kleinen Gefrierbeutel füllst und eine Ecke ganz knapp abschneidest. Noch einfacher wird es, wenn du den Guss in eine Einwegspritze (kannst du in der Apotheke kaufen) füllst und damit Muster malst. Wie du Zuckerguss farbig tönst, steht auf Seite 107.

Verzierung – schön und lecker

Beim Verzieren sind deiner Fantasie fast keine Grenzen gesetzt. Wenn du es gerne sehr bunt magst, liegst du mit Liebesperlen, bunten Zuckerstreuseln, bunten Zuckerperlen und Zuckerschrift in verschiedenen Farben genau richtig. Mit Nüssen, Mandeln oder Samen kannst du auch sehr schön verzieren. Sesamsamen, Mohn, Pistazien und Kürbiskerne sehen besonders gut aus. Man kann tolle Muster, z.B. kleine Blüten oder Sterne, mit ihnen legen. Manche Zuckerdekoration und die meisten Schokoladendekore sind nicht backfest. Du kannst sie nur nach dem Backen über die noch flüssige Glasur streuen. Lass deiner Fantasie freien Lauf!

Die Kostprobe

Das Englein bäckt noch nicht sehr lang und deshalb ist ihm schrecklich bang,
dass seine Weihnachtsbäckerei am Ende nicht geraten sei.
Drum kostet jetzt das Schwesterlein, und weil es immer wieder nimmt,
bis alles aufgegessen ist, weiß nun das Englein ganz bestimmt,
es muss ihm doch gelungen sein.

Ida Bohatta

Plätzchen

So einen süßen Teller kannst du bald selber zaubern!
Nur backen bei euch keine Engelchen, sondern Kinder. Und was? Plätzchen natürlich!
19 Rezepte frisch aus der Himmelsküche: Plätzchen zum Ausstechen, zum Spritzen, zum Formen, zum Aufhäufen – für jeden Geschmack etwas. Damit deine Plätzchenbäckerei ein Erfolg wird, solltest du einige Dinge wissen:

- Plätzchen sind sehr weich, wenn sie heiß sind. Deshalb solltest du sie auf dem Blech immer etwas abkühlen lassen, bevor du sie abnimmst. Dann verbrennst du dir auch deine Finger nicht!

- Dunkle Bleche backen schneller als helle – da musst du extra aufpassen.

- Wenn du Gebäck mit Eischnee machst, musst du fix sein, der Schnee fällt schnell zusammen.

- Der beste Aufbewahrungsort für Kekse (außer deinem Bauch) sind Blechdosen. Zur Not kannst du auch Plastikboxen verwenden. Lege zwischen jede Schicht Plätzchen Butterbrotpapier oder Alufolie. Die Keksdosen sollten immer möglichst kühl gelagert werden (z.B. im Keller oder auf dem Balkon, solange es nicht friert).

- Lebkuchen oder Zimtsterne sind nach dem Backen hart. Sie schmecken erst nach 2-3 Wochen so richtig gut. Lege einfach ein Apfelstückchen mit in die Dose. Warum? Die Apfelscheiben geben Feuchtigkeit ab und machen die Lebkuchen weich. Denk aber daran, dass du die Apfelscheiben nach etwa 3 Tagen austauschst.

Das brauchst du für ca. 50 Stück:

300 g Mehl
1 TL Backpulver
100 g gemahlene Haselnüsse
120 g getrocknete Datteln
150 g flüssiger Honig
1 Ei
1 Eigelb
3 TL Lebkuchengewürz
100 g Aprikosenmarmelade
200 g Schokoladenkuvertüre
Backpapier für das Blech

Der Schokolebkuchen

Was hat die Engelschar denn da im Schnee verloren? Das sieht ganz nach einem Lebkuchenherz aus. Kein Wunder, dass sich die Kinder freuen. Denn Lebkuchen schmeckt nicht nur wunderbar – er kündigt auch Weihnachten an.

So wirds gemacht:

Das Mehl mit dem Backpulver mischen und die Haselnüsse unterheben.

Die Datteln von den Kernen befreien und mit dem Wiegemesser fein hacken. Danach Dattelmus, Honig, Ei, Eigelb und das Lebkuchengewürz zugeben und diese Masse zu einem festen Teig verkneten. Am besten mit einem Knethaken des Handrührgerätes.

Den Teig über Nacht bei Zimmertemperatur stehen lassen. Am nächsten Tag den festen Teig ausrollen, bis er ca. 1 cm dick ist.

Den Backofen auf 180 Grad vorheizen und das Blech mit Backpapier auslegen. Dann mit verschiedenen Förmchen Motive ausstechen und auf das Backblech setzen. Die Plätzchen ca. 20 Minuten backen und danach gut abkühlen lassen.

Aprikosenmarmelade durch ein feines Sieb streichen und die Lebkuchen damit bepinseln. Die Schokoladenglasur so lange im Wasserbad erwärmen, bis sie flüssig wird. Die Lebkuchen damit überziehen.

Tipp:

Du kannst statt Datteln auch 100 g Zitronat oder Orangeat zugeben. Genauso gut schmecken die Lebkuchen mit 100 g Rosinen oder gehackten Trockenpflaumen.

Das Lebkuchengewürz

Lebkuchen werden seit vielen hundert Jahren zur Weihnachtszeit gebacken. Es gab sogar den Beruf des Lebkuchenbäckers. Lebkuchen werden etwas anders als Spekulatius gewürzt, nämlich mit Anis, Nelken, Koriander, Muskatnuss, Piment und Zimt. Du kannst das Gewürz auch selber mischen. Sei vorsichtig mit Nelken, Muskat und Piment: Diese Gewürze sind sehr kräftig und müssen sparsam dosiert werden. Der Teig für Lebkuchen wurde mit Hirschhornsalz gemacht und musste früher wochenlang liegen. Heute geht es dank Backpulver etwas schneller. Aber lasse die fertigen Lebkuchen mindestens 2 Wochen in der Blechdose liegen – dann schmecken sie schön mürbe.

Wer gut zu allen Tieren ist, darf in dem Häuschen wohnen.
Dann kommt der heil'ge Nikolaus, ihn reichlich zu belohnen.
Wir pflegen unser Hündchen gern und werden Futter streun,
wir haben unsere Katze lieb und ziehen schnell ins Häuschen ein.

Ida Bohatta

Das brauchst du für ca. 75 Stück:

4 Eiweiß
300 g Puderzucker
2 TL Zimt
1 Pck. Vanillezucker
1 Spritzer Zitronensaft
400 g fein geriebene Mandeln (mit Schale)
Backpapier für das Blech
Zucker für die Arbeitsfläche

Zimtsterne

Wenn der Nikolaus ins Haus kommt, riecht es nicht nur nach Äpfeln und Nüssen, sondern auch nach Zimt!

So wirds gemacht:

Zuerst musst du das Eiweiß steif schlagen (siehe Tipps für kleine Zuckerbäcker, Seite 81). Dabei nach und nach den Puderzucker einrieseln lassen.

Von dieser Masse, man nennt sie auch Baiser, 5 gehäufte Esslöffel abnehmen. Den Rest der Masse mit Zimt, Vanillezucker, Zitronensaft und Mandeln so lange verkneten, bis der Teig fest ist.

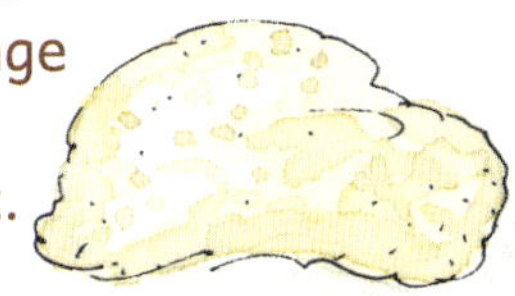

Das Blech mit Backpapier auslegen.

Den Teig zwischen zwei Frischhaltefolien legen und so lange ausrollen, bis er ungefähr 1 cm dick ist. Nun die obere Folie abziehen.

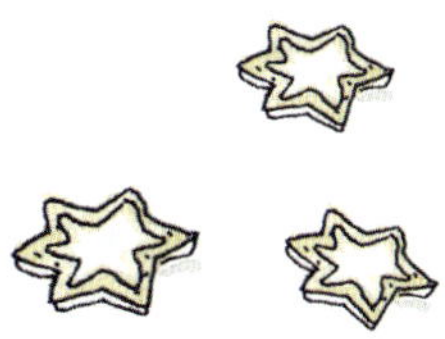

Die Arbeitsplatte mit Zucker bestreuen und die Teigplatte darauf stürzen. Die andere Folie abziehen.

Mit einer Sternenform den Teig ausstechen und auf das Blech legen. Die Form zwischendurch immer mit heißem Wasser abwaschen, denn der Teig klebt ziemlich. Die übrig gelassene Baisermasse mit einem Messer oder breiten Pinsel dünn auf die Sterne streichen. Den Backofen auf 160 Grad vorheizen. Das Blech in die untere Schiene schieben und die Sterne etwa 18 Minuten backen.

Tipp:

Die Zimtsterne schmecken am besten, wenn du sie einige Tage in einer Blechdose zusammen mit einem Apfelschnitz liegen lässt.

Zimtdekorationen

Aus den herrlich duftenden Zimtstangen kannst du eine schöne Dekoration für dein Nikolaus-Päckchen, für den Adventskranz oder für ein kleines Beutelchen Zimtsterne basteln. Du nimmst 2–3 Zimtstangen und umwickelst dieses Bündel in der Mitte mit Golddraht, am besten mit elastischem Bouillondraht. Das sieht nicht nur toll aus, sondern riecht auch nach Weihnachten.

Tante Krötes Knusperkekse

Ja, was hat Tante Kröte wohl da in ihrem Beutel versteckt? Das sind bestimmt ganz frische und duftende Kekse für ihre Liebsten. Mach doch auch jemandem, den du sehr gern hast, die Freude, und bring ihm ein paar deiner selbst gebackenen Kekse vorbei.

Das brauchst du für 2 Bleche:

200 g getrocknete Aprikosen
100 g Rosinen
250 g Butter
100 g Zucker
3 Eier
100 g Mandelblättchen
320 g kernige Haferflocken
½ TL Zimtpulver
1 TL Backpulver
Backpapier für das Blech

So wirds gemacht:

Die Aprikosen und die Rosinen waschen, gut abtropfen lassen und klein hacken.

Den Backofen auf 150 Grad vorheizen. Die Bleche mit Backpapier auslegen.

Butter und Zucker schaumig rühren und die Eier nacheinander zugeben. Dann die übrigen Zutaten unter den Teig mischen.

Den Teig mit 2 Teelöffeln in kleinen Häufchen auf die Bleche setzen. Die Kekse im Backofen etwa 25 Minuten goldbraun backen.

Tipp:

Extra knusprig werden die Kekse, wenn du 100 g der Haferflocken durch Cornflakes ersetzt. Du kannst statt der getrockneten Aprikosen auch anderes Trockenobst verwenden wie Äpfel, Feigen oder Pflaumen.

Schneehäubchen

Da staunen die drei Schneeflöckchen aber sehr über das Christkind mit den vielen Engelchen. Wer wohl diese schönen Spielsachen bekommt? Du kannst dir ja das Warten auf Weihnachten etwas verkürzen, indem du die einfachen Schneehäubchen bäckst.

Das brauchst du für ca. 50 Stück:

4 Eiweiß
250 g Zucker
1 Pck. Vanillezucker
200 g gestiftete Mandeln
Backpapier
für das Backblech

So wirds gemacht:

Das Eiweiß mit dem Handrührgerät sehr steif schlagen.

Den Zucker und den Vanillezucker langsam in den Eischnee einrieseln lassen und weiter schlagen, bis sich der Zucker aufgelöst hat. Dann die Mandeln vorsichtig unterheben.

Das Blech mit Backpapier auslegen und den Backofen auf 150 Grad vorheizen.

Mit zwei Teelöffeln Teighäufchen auf das Backblech setzen. Die Schneehäubchen 1 Stunde im Backofen trocknen lassen.

Die fertigen Häubchen noch über Nacht stehen lassen, damit sie weiter trocknen.

Tipp:

Ob das Eiweiß fest genug ist, merkst du, wenn du mit einem Messer hineinschneidest. Siehst du diesen Schnitt, ist das Eiweiß steif genug, sonst musst du noch einmal weiterschlagen.

Das brauchst du für ca. 30 Brezeln:

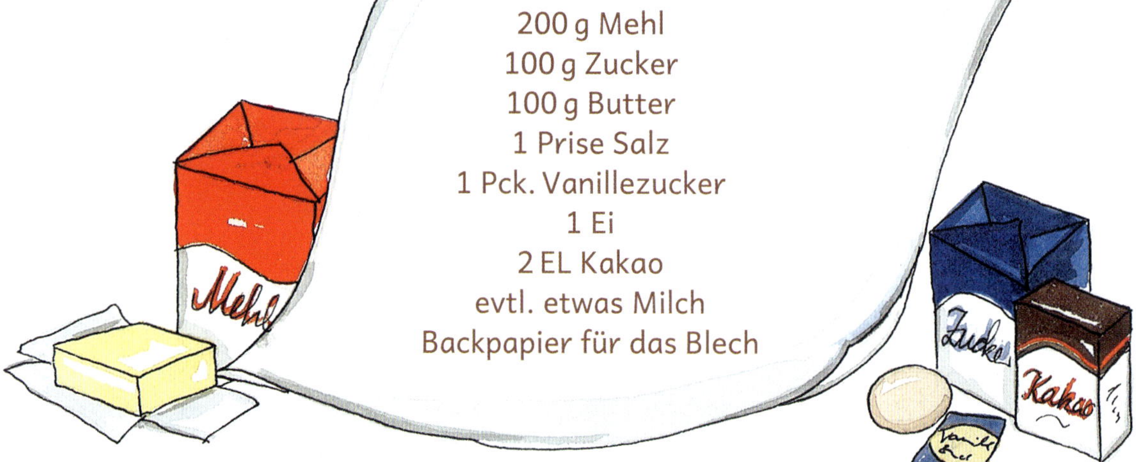

200 g Mehl
100 g Zucker
100 g Butter
1 Prise Salz
1 Pck. Vanillezucker
1 Ei
2 EL Kakao
evtl. etwas Milch
Backpapier für das Blech

Schokobrezeln

Die süßen Schokobrezeln haben mit den sonst üblichen Laugenbrezeln außer der Form nichts gemeinsam. Am Anfang denkst du sicher, dass du dir beim Brezelnschlingen die Finger verknoten wirst, aber es ist kinderleicht und bald bist du ein blitzschneller Brezelbäcker!

So wirds gemacht:

Alle Zutaten zu einem geschmeidigen Teig verkneten. Falls notwendig, einige Tropfen Milch dazugeben.

Den Teig in Frischhaltefolie einwickeln und etwa 2 Stunden kühl stellen.

Den Backofen auf 180 Grad vorheizen.

Die Bleche mit Backpapier auslegen.

Von dem Teig walnussgroße Stücke abteilen und zu etwa 20 cm langen, dünnen Schlangen ausrollen.

Die Teigstränge zu Brezeln schlingen und auf das Backblech legen.

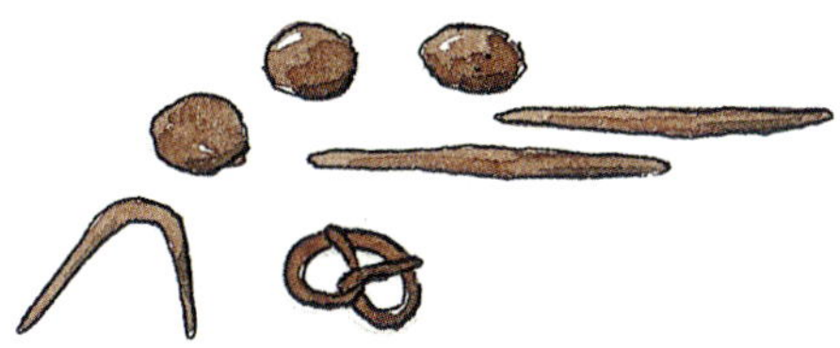

Die Brezeln im heißen Backofen etwa 15 Minuten backen.

Schwarzweiß

Du kannst auch die Hälfte Teig ohne Kakaopulver kneten – sie ist dann hell. Es sieht hübsch aus, wenn du aus dem weißen und dem dunklen Teig gleich lange Teigschlangen rollst und sie wie eine Kordel verzwirbelst. Davon schneidest du dann 5 cm lange Stücke ab und bäckst sie wie die Brezeln. Bastelkünstler können auch Schnecken rollen.

Das brauchst du für 2 Bleche:

50 g Butter
100 ml Milch
250 g Quark
1 Ei
1 Spritzer Zitronensaft
400 g Mehl
1 Pck. Trockenhefe
100 g Zucker, 1 Pck. Vanillezucker
1 Prise Salz
Rosinen für die Augen
Walnusshälften für die Schnauze
1 Eigelb zum Bestreichen
Backpapier für das Blech

Tipp:

Wenn du keinen Ausstecher in Bärenform hast, kannst du auch eine Schablone anfertigen und den Teig danach ausschneiden! Dann kannst du die Bären so groß wie Weckmänner oder Kloßkerle machen. Der Teig darf ruhig ein bisschen dicker sein. In einigen Teilen Deutschlands bringt diese süßen Kerle, die eine Tonpfeife im Gesicht haben, der Nikolaus. In Freiburg, wo ich jetzt lebe, werden aus dem Hefeteig Martinsgänse geformt und zum Sankt Martin am 11. November verschenkt.

Bärenstarke Quarkies

Wenn du backen willst, musst du vorher einkaufen gehen. Schau nach, was ihr von den Zutaten im Haus habt. Und dann schreibe einen Einkaufszettel wie die Bärenmama. Glaubst du, dass sie ihrem Bärenkind noch eine kleine Überraschung mitbringt?

So wirds gemacht:

Die Butter bei kleiner Hitze in einem Topf auf dem Herd zerlassen. Dann vom Herd wegnehmen und die Milch, den Quark, das Ei und den Zitronensaft unterrühren – der Mix sollte lauwarm sein.

Mehl, Trockenhefe, Zucker, Vanillezucker und Salz in einer anderen Schüssel mischen. Dann mit den Knethaken des Handrührgerätes den Quarkmix unter die Mehlmischung arbeiten und so lange rühren, bis der Teig nicht mehr so sehr klebt. Am einfachsten geht das mit einer richtigen Küchenmaschine. Dem Handrührgerät muss man eine Pause gönnen, wenn es zu heiß wird.

Den Teig zu einer Kugel formen, mit Mehl bestäuben, in eine Schüssel legen und mit einem sauberen Küchentuch bedecken. An einem warmen Ort, z.B. auf der Heizung, etwa 1 Stunde stehen lassen. Er sollte sich zur doppelten Größe aufgeplustert haben. In dieser Zeit die Bleche mit Backpapier auslegen.

Den Teig noch einmal durchkneten und mit dem Nudelholz etwa 1 cm dick ausrollen. Mit großen Ausstechern (mindestens 6 cm groß) Bären ausstechen.

Das Eigelb mit etwas Wasser verrühren und die Bären damit bestreichen.

Dann nach Belieben ein Gesicht aus Nüssen oder Rosinen stecken und etwa 10 Minuten stehen lassen, bis sich die Bären leicht aufplustern. In dieser Zeit den Backofen auf 180 Grad vorheizen.

Die Bären im heißen Ofen etwa 15 Minuten backen und anschließend auskühlen lassen.

Mini-Lebewesen

Die Hefe ist das Geheimnis dieses Teiges. Hefe sind Mini-Lebewesen, die sich bei Feuchtigkeit und Wärme vermehren, wenn sie genug Zucker und Mehl zu essen bekommen. Dabei bilden sie kleine Luftbläschen, die den Teig aufplustern. Das nennt man „gehen lassen“. Fett, Salz, Kälte und Luftzug machen das Aufplustern schwer. Deshalb muss der Teig schön lauwarm sein und darf keinen Zug bekommen. Besonders gut wird er, wenn er vorher kräftig geknetet wird. Die Bärenmutter mit ihren Bärenkräften schafft das locker mit ihren Tatzen. Aber du wirst ein elektrisches Rührgerät brauchen … Übrigens: Hefegebäck schmeckt am besten frisch und ebenso gut, wenn wenig Fett darin ist.

Das brauchst du für 1 1/2 Bleche:

150 g Butter
150 g Zucker
3 Eigelb
250 g Mehl
100 g sehr fein geriebene Haselnüsse
1 Prise Salz
1 Prise Zimt
Backpapier für das Blech
Johannisbeergelee

Sternbusserl

In der Engelsbackschule sind die Sternbusserl heiß begehrt. Schließlich können sie auch die ganz kleinen Engelchen backen! Bei diesem Rezept behältst du Eiweiß übrig. Das kannst du für die Himmelswölkchen (Seite 101) verwenden!

So wirds gemacht:

Das Blech mit Backpapier auslegen.

Die Butter mit dem Zucker schaumig rühren. Dann die Eigelbe unterrühren. Zum Schluss das Mehl und die Nüsse einrühren, Salz und Zimt zugeben.

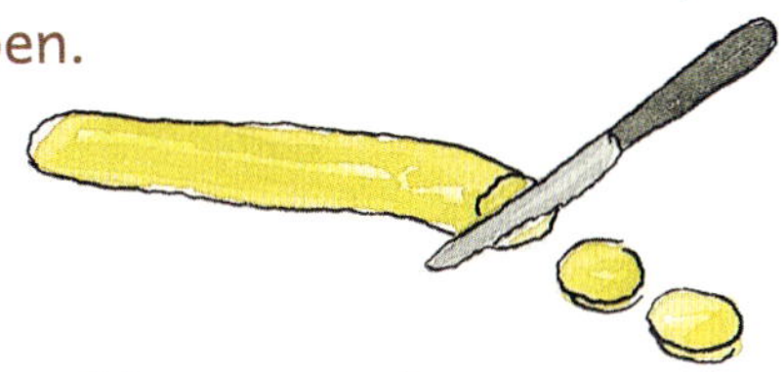

Den Teig zu langen Rollen formen.
Kleine Stückchen davon abschneiden, zu kleinen, walnussgroßen Kugeln rollen.

Die Kugeln auf das Blech setzen. Mit dem Stiel des Kochlöffels in die Mitte eine Vertiefung drücken.

Am besten das Blech noch eine Viertelstunde kalt stellen (draußen ist es jetzt kalt genug). Inzwischen den Backofen auf 180 Grad vorheizen. Die Sternbusserl etwa 15 Minuten lang backen.

In die noch warmen Busserl mit einem kleinen Löffel einen Klecks Gelee setzen.

Abkühlen lassen.

Tipp:

Du kannst vor dem Backen in die Kugelmitte eine Haselnuss drücken. Dann hast du Nussbusserl.

Zimt

Um Zimt zu gewinnen, schält man die Rinde von den Ästen des Zimtbaumes, der aus Sri Lanka kommt. Die Rinde rollt sich in der Sonne zu Stangen. Für manche Gerichte, wie z.B. Kompott oder Saucen, werden diese Zimtstangen verwendet. Man fischt sie vor dem Essen genau wie die Vanillestangen aus der Sauce. Ganz fein vermahlene Zimtrinde ist Zimtpulver. Schnupper mal daran: Riecht es nicht nach Weihnachten?

Das brauchst du für ca. 50 Katzenzungen:

3 Eiweiß
125 g Zucker
1 Pck. Vanillezucker
125 ml süße Sahne
170 g Mehl
100 g dunkle Kuvertüre
Backpapier für das Blech
Spritzbeutel

Katzenzungen

Schlecken macht den kleinen und großen Kätzchen Spaß. Deshalb – und weil sie so lang und dünn sind – heißen die zarten Schokoladenstückchen wahrscheinlich auch Katzenzungen. Back dir welche!

So wirds gemacht:

Eiweiß steif schlagen, Zucker und Vanillezucker dabei einrieseln lassen.

Die Sahne in einer anderen Schüssel steif schlagen und den Eischnee unter die Sahne heben.

Das Mehl in den Teig sieben und alles gut vermischen.

Den Backofen auf 180 Grad vorheizen. Das Backblech mit Backpapier auslegen.

Den Teig in einen Spritzbeutel füllen und etwa 6 cm lange Streifen auf die Bleche spritzen, dabei etwa 3 cm Abstand halten. Die Enden dürfen ruhig etwas dicker sein, wie bei den Katzenzungen aus Schokolade.

Sofort in die Mittelschiene des Ofens schieben und 12 Minuten backen, bis die Ränder leicht braun werden.

Die Kuvertüre im warmen Wasserbad schmelzen und damit die Katzenzungen bestreichen.

Tipp:

Der Katzenzungenteig ist sehr weich und heißt eigentlich Hippenteig. Wenn er nach dem Backen noch heiß ist, lässt er sich formen und wird deshalb gerne für Eiswaffeln verwendet. Weil er so flüssig ist, musst du beim Spritzen zwischendurch den Zeigefinger auf die Öffnung der Tülle halten oder sehr schnell sein.

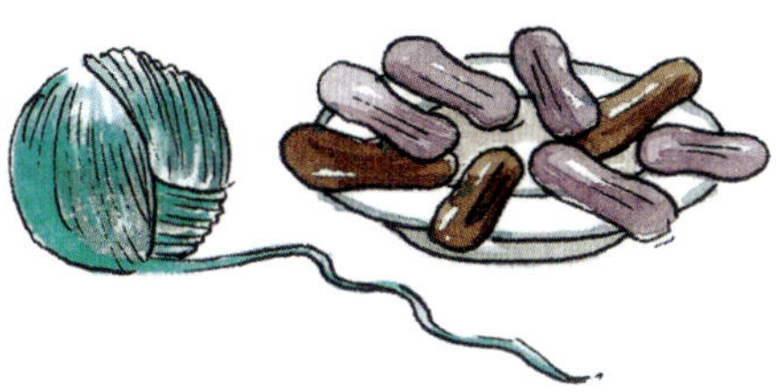

Lila Zungen

Richtige Katzenzungen sind leicht lila gefärbt. Wenn du auch lilafarbene Katzenzungen haben möchtest, kannst du einen Guss aus 100 g Puderzucker und 1 TL Heidelbeersaft mischen. Damit bestreichst du dann die Zungen.

Engelsöhrchen

Mit diesem Rezept kannst du blitzartig sehr leckere, knusprige Kekse zaubern. Sie schmecken nicht nur zu Weihnachten, sondern als „Schweineöhrchen" das ganze Jahr hindurch.

Das brauchst du für ca. 60 Öhrchen:

1 Pck. Tiefkühl-Blätterteig (300 g)
Zucker für die Arbeitsfläche
1–2 EL selbst gemachten Vanillezucker oder Zimtzucker pro Teigplatte
Backpapier für das Blech

So wirds gemacht:

Den Backofen auf 200 Grad vorheizen. Die einzelnen Blätterteigplatten voneinander trennen, auf der mit Zucker bestreuten Arbeitsfläche ausbreiten und auftauen lassen.

Jede Platte mit Wasser bepinseln und mit je 1–2 EL Zimt- oder Vanillezucker bestreuen.

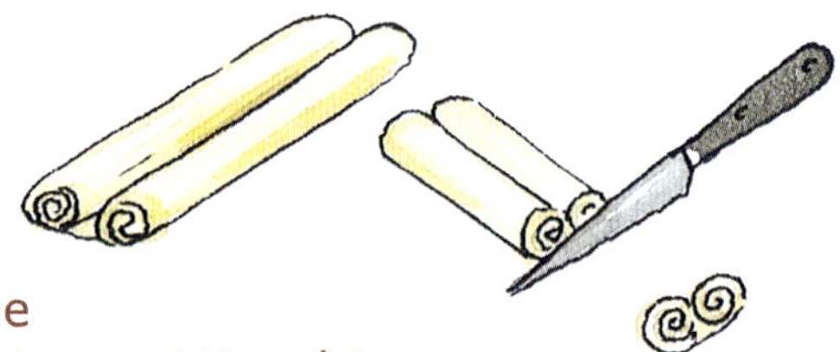

Jeweils eine Breitseite bis zur Mitte hin eng einrollen, dann die andere Seite dagegenrollen. Die Doppelrolle in 1 cm breite Scheiben schneiden.

Ein Blech mit Backpapier auslegen, die Öhrchen darauf legen und etwas flach drücken.

Im heißen Ofen in 10–15 Minuten kross backen.

Himmelswölkchen

In der Engelsküche geht es hoch her, damit bis Weihnachten alle Plätzchen fertig sind. Du kannst den Engelchen helfen und deine eigenen Plätzchen backen. Damit machst du deiner Familie und deinen Freunden sicher eine Freude!

Das brauchst du für 1 Blech:

100 g kernige Haferflocken
100 g weiße Schokolade
4 Eiweiß
1 TL Zitronensaft
250 g Zucker
100 g Kokosflocken
Backpapier fürs Blech
Zuckerperlchen für die Garnitur

So wirds gemacht:

Die Haferflocken in einer Pfanne ohne Fett rösten, bis sie hellbraun sind. Dann in ein anderes Gefäß umfüllen, damit sie nicht verbrennen.

Die weiße Schokolade fein reiben und den Backofen auf 130 Grad vorheizen. Die Bleche mit Backpapier auslegen.

Das Eiweiß zu sehr steifem Schnee schlagen, dabei den Zitronensaft unterrühren. Unter weiterem Rühren den Zucker einrieseln lassen und so lange weiterschlagen, bis eine matt glänzende, glatte Masse entsteht. Dann die Kokosflocken, Haferflocken und die Schokolade unterheben.

Mit einem Teelöffel Teighäufchen auf die Backbleche setzen und mit Zuckerperlchen bestreuen.

Die Himmelswölkchen im Backofen auf der mittleren Schiene in etwa 40 Minuten mehr trocknen als backen. Dabei die Ofentüre mit einem Kochlöffel einen Spalt offen halten. Die Wölkchen über Nacht trocknen lassen und dann in einer Dose verpacken.

Baisers

Baisers und Makronen sind eine tolle Eiweißverwertung, wenn du für ein Rezept nur Eigelb gebraucht hast.

Das brauchst du für ca. 70 Stück:

250 g Butter
200 g Zucker
2 Eier
1 TL Spekulatiusgewürz
350 g Mehl
½ TL Backpulver
Milch zum Einpinseln
Mandeln, Sesam und kandierte Früchte
zum Verzieren
Butter oder Margarine für das Blech

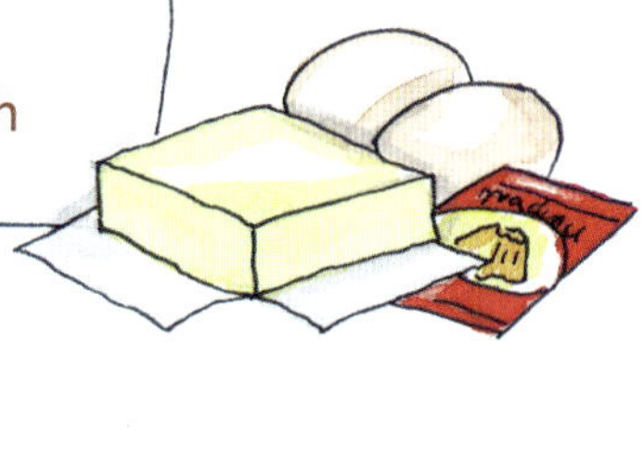

Spekulatius

Das Christkind bewirtet die Kinder mit Brötchen und Tee. Das erinnert dich vielleicht an das Abendmahl, das Jesus mit seinen Jüngern teilte und das wir in der Kirche zu seiner Erinnerung feiern. Und vielleicht denkst du ab und zu daran, dass Teilen Freude macht.

So wirds gemacht:

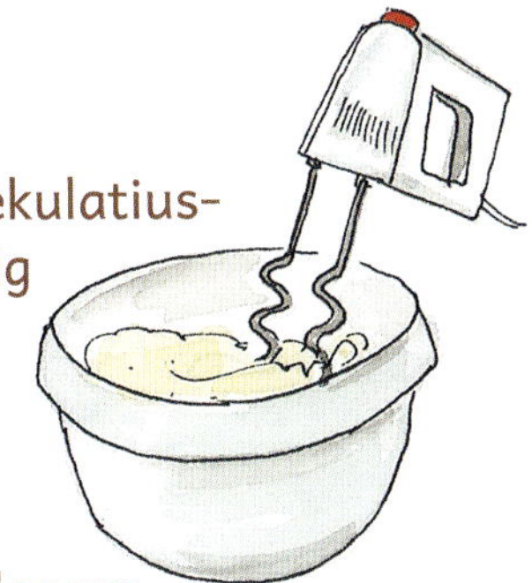

Butter, Zucker, Eier und Spekulatiusgewürz zu einem glatten Teig verkneten. Das Mehl mit dem Backpulver unter die Zuckermischung rühren.

Den Teig über Nacht ruhen lassen.

Am nächsten Tag ausrollen, bis er ½ cm dick ist. Mit verschiedenen Förmchen Kekse ausstechen.

Den Backofen auf 200 Grad vorheizen.

Ein Backblech mit Butter oder Margarine einfetten. Danach die Kekse mit der Milch bepinseln und mit verschiedenen Zutaten verzieren.

Info:

Spekulatius werden schon seit über 250 Jahren gebacken. Eigentlich wird der Teig in „Modeln“, das sind geschnitzte Bildformen, gedrückt. Wie ein Spiegel – lateinisch heißt das „speculum“ – bildet die Form ihr Bild auf dem Teig ab. Deshalb sehen gekaufte Spekulatius aus wie ein Bild. Den Model kann man in Haushaltsgeschäften kaufen. Aber es ist sehr mühsam, die Spekulatius damit herzustellen, denn der Teig klebt gerne im Model fest.

Spekulatiusgewürz

So wie es ein Lebkuchengewürz gibt, gibt es auch ein Spekulatiusgewürz. Das besteht aus Nelken, Kardamom, Muskat und Zimt. Wenn du also kein spezielles Spekulatiusgewürz hast, kannst du dir aus diesen Gewürzen dein eigenes herstellen. Nimm auf 1 TL Zimt aber nur 1 gute Messerspitze der anderen Gewürze – sie sind nämlich sehr kräftig. Aber sie tun dem Magen gut. Deshalb wurden sie früher nur vom Apotheker verkauft – als Medizin.

Das brauchst du für ca. 50 Stück:

125 g Butter oder Margarine
125 g Zucker
1 Pck. Vanillezucker
1 Prise Salz
2 Eier
300 g Mehl
1 Messerspitze Backpulver
Spritzbeutel mit verschiedenen Aufsätzen
Backpapier für das Blech
nach Belieben Kuvertüre

Sternschnuppen

Blitzschnell sind sie, süß und knusprig, findest du nicht auch? Deshalb darfst du sie spritzen – das geht nämlich besonders fix. Und wenn du magst, kannst du zu den Schnuppen auch ab und zu einen Stern aufs Blech spritzen.

So wirds gemacht:

Butter (dafür eignet sich am besten zimmerwarme Butter) mit Zucker, Vanillezucker und Salz mit dem Handrührgerät schaumig rühren. Eier nach und nach dazugeben und so lange weiterschlagen, bis der Teig schön cremig ist.

Das Mehl mit dem Backpulver mischen und unter den Teig rühren. Solange der Teig noch cremig ist, in einen Spritzbeutel mit großer Sterntülle füllen und Sternschnuppen – also einfache Linien – auf ein mit Backpapier ausgelegtes Blech spritzen. Mindestens 2 cm Abstand zwischen den Keksen lassen.

Dann die Bleche erst einmal im Kalten (am besten draußen – wenn du keine Nasch-Katze hast ...) 1 Stunde ruhen lassen.

Den Backofen auf 180 Grad vorheizen.

Jeweils ein Blech in die Mittelschiene schieben und die Kekse in 10–12 Minuten goldbraun backen. Abkühlen lassen.

Wer will, kann die Enden in Kuvertüre tauchen. (Wie das gemacht wird, steht auf Seite 83.)

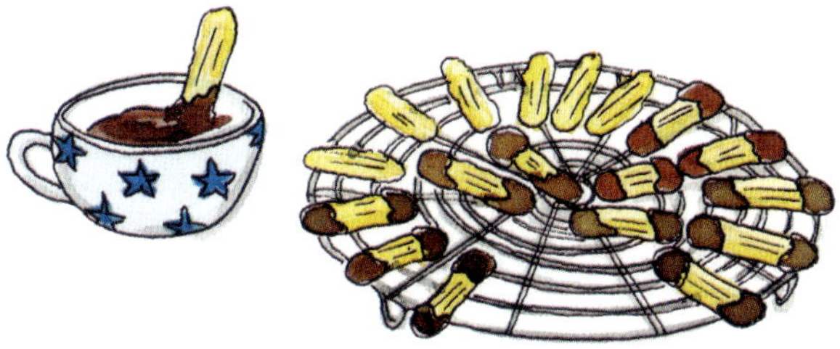

Tipp:

Wenn du das Backblech zuerst mit etwas Wasser bestreichst, verrutscht das Backpapier beim Aufspritzen nicht so leicht und du bekommst schönere Sternschnuppen.

Spritzgebäck

Spritzgebäck ist einerseits ganz toll, weil man es spritzen kann. Aber es hat einen Haken: Wenn der Teig weich ist, sodass er sich gut spritzen lässt, zerfließt er beim Backen auch leicht. Wenn er aber zu fest ist, lässt er sich nur schwer spritzen. Der Trick: Wenn die Butter weich und der Teig frisch gerührt ist, dann geht es am besten. Wenn du die gespritzten Kekse erst kalt stellst und dann recht schnell bäckst, zerlaufen sie nicht so stark. Und wenn sie dir doch mal zerlaufen, macht das nichts – sie schmecken trotzdem!

Das brauchst du für 2 Bleche:

350 g Mehl
100 g Zucker
2 Pck. Vanillezucker
1 TL Backpulver
150 g Butter
2–3 EL Crème fraîche
1 Eigelb zum Bestreichen

Zum Verzieren:

150 g Puderzucker
1–2 EL Zitronensaft
Liebesperlen, Mandel- und Pistaziensplitter
Mohn, Nüsse, Schokoraspeln
Backpapier für das Blech

Süßer Christbaumschmuck

Früher war es viel üblicher als heute, süße Plätzchen und Zuckerkringel an den Weihnachtsbaum zu hängen. Du kannst die Kekse vor dem Backen mit Ei bestreichen und verzieren oder nachher mit Zuckerguss einpinseln und dann erst dekorieren. Das Loch für den Aufhänger nicht vergessen!

So wirds gemacht:

Den Backofen auf 180 Grad vorheizen und das Backblech einfetten oder mit Backpapier auslegen.

Mehl, Zucker, Vanillezucker, Backpulver und die klein geschnittene Butter in eine Schüssel geben.

Crème fraîche zufügen und den Teig mit den Händen verkneten. Wenn nötig, noch etwas Wasser zugeben.

Den Teig auf der bemehlten Arbeitsfläche mit einem Nudelholz etwa ½ cm dick ausrollen. Mit Ausstechern verschiedene Motive ausstechen und auf das Backblech legen.

Für die Aufhängung Holzspießchen in kleine Stücke brechen, in die Kekse stecken und mitbacken.

Das Eigelb mit 1 Löffel Wasser verrühren und die Kekse damit bestreichen, nach Geschmack verzieren (sollen sie mit Zuckerguss überzogen werden, weder dekorieren noch mit Ei bestreichen).

Im vorgeheizten Backofen etwa 15 Minuten backen, die Spießchen herausziehen und die Kekse auskühlen lassen.

Wenn sie erst jetzt verziert werden sollen, den Puderzucker sieben und mit dem Zitronensaft zu einem zähflüssigen Guss verrühren. Den Christbaumschmuck damit bepinseln und mit Liebesperlen, Mandelsplitter u.Ä. bestreuen.

Bunter Zuckerguss

Du kannst den Zuckerguss mit natürlichen Farben färben. Für rosa Guss rührst du ihn mit Saft aus dem Rote-Beete-Glas oder Kirschsaft an. Hellgrün wird der Guss mit Spinatsaft: Tau ein bisschen gefrorenen gehackten Spinat ohne Blubb auf und presse ihn aus.
Gelben Guss bekommst du, wenn du etwas Gelbwurzpulver (das heißt auch Kurkuma) oder eine Prise Safranpulver in heißen Zitronensaft gibst. Hellblau wird der Guss mit Heidelbeer- oder Holundersaft, violett mit schwarzem Johannisbeersaft, orange mit Möhrensaft.

Das brauchst du für 2 Bleche:

210 g Butter
250 g Mehl
100 g gemahlene Mandeln (ohne Schale)
60 g Zucker
2 Pck. Vanillezucker
1 Prise Salz
ca. 200 g ganze Mandeln
Backpapier für das Blech

★★

Mausis Mandel-Flämmchen

Wo will denn Mama Maus so spät in der Nacht noch hin? Vielleicht möchte sie für ihre Mäusekinder etwas Feines backen. Da Mäusekinder immer alles schnell wegnaschen (so wie du?), muss Mama Maus in der Nacht backen, wenn ihre Kleinen schlafen. Oder will sie etwa selber heimlich naschen?

So wirds gemacht:

Butter, Mehl und gemahlene Mandeln in eine Schüssel geben und verrühren. Zucker, Vanillezucker und Salz dazugeben und zu einem schönen glatten Teig verkneten.

Den Teig in 8 Teile teilen und jeden zu etwa 2 cm dicken Würsten rollen. Die fertigen Rollen in Frischhaltefolie wickeln und für ca. 1 Stunde in den Kühlschrank legen.

Den Backofen auf 175 Grad vorheizen und das Blech mit Backpapier auslegen.

Die Teigrollen aus dem Kühlschrank nehmen und in 1 cm dicke Scheiben schneiden.

Aus jeder Scheibe eine Kugel formen und 1 Mandel mit der Spitze nach oben in die Mitte der Kugel drücken.

Die Kugeln auf die Backbleche setzen und auf der mittleren Schiene ca. 20 Minuten backen.

Tipp:

Es ist wirklich am besten, den Teig erst zu rollen, dann zu portionieren. So werden die Kugeln gleichmäßig groß und der Teig ist schön fest. Bemehle deine Hände zwischendurch immer wieder, damit du die Kugeln rasch zwischen den Handflächen formen kannst, ohne dass sie festkleben.

Das brauchst du für ca. 60 Stück:

100 g Zucker
1 Pck. Vanillezucker
1 Prise Salz
400 g Mehl
225 g Butter oder Margarine
3 Eigelb
1 Spritzer Zitronensaft
100 g Johannisbeergelee
Kondensmilch zum Bestreichen
Backpapier für das Blech
evtl. Puderzucker zum Bestäuben

Spitzbuben

Haben Spitzbuben etwa dem Heinzel die Pantoffeln versteckt? Süße Spitzbuben bestehen immer aus zwei Keksen, die zusammengehören wie der linke und der rechte Pantoffel. Warum sie so heißen? Machen sie sich etwa selbständig? Lösen sie sich in Luft auf oder zwicken sie? Probiere es doch einfach aus. Und sag mir Bescheid, wenn du etwas herausfindest.

So wirds gemacht:

Zucker, Vanillezucker, Salz und Mehl vermischen. Die Butter in Flöckchen ins Mehl hacken. Dann die Eigelbe und den Zitronensaft zugeben und alles mit dem Knethaken des Handrührgeräts rasch zu einem Teig verkneten.

Am Schluss noch einmal mit bemehlten Händen gut durchkneten. Den Teig in Frischhaltefolie packen und für mindestens 1 Stunde in den Kühlschrank legen, am besten ins Gemüsefach.

Nun immer eine kleine Portion Teig aus dem Kühlschrank nehmen und auf der bemehlten Arbeitsfläche einmal durchkneten und dann mit dem Nudelholz etwa ½ cm dick ausrollen.

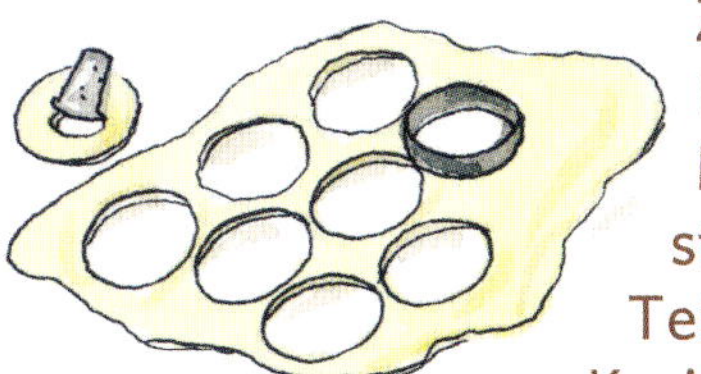

Zwei Bleche mit Backpapier auslegen. Mit einem Kreisausstecher (3–4 cm) den Teig ausstechen. Die Kreise auf das Backblech setzen. In jeden zweiten Keks mit dem Fingerhut ein Loch stechen. Die Kekse mit etwas Kondensmilch bestreichen.

Den Backofen auf 180 Grad vorheizen und die Kekse in der Mittelschiene in etwa 12 Minuten goldgelb backen. Dann ganz abkühlen lassen.

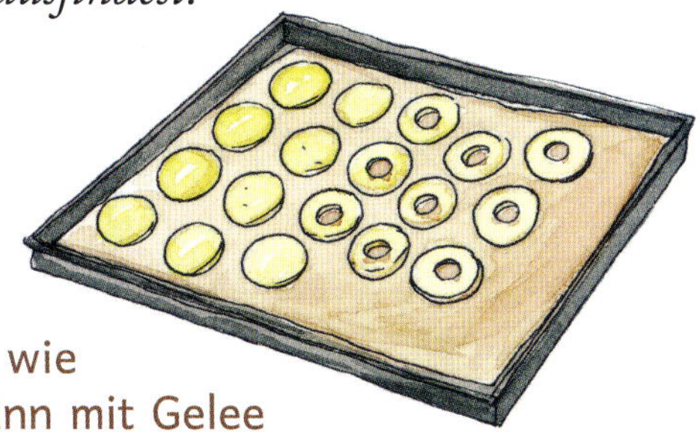

Eine Seite des Kreiskekses mit einem Messer wie ein Butterbrot dünn mit Gelee bestreichen, einen Lochkeks darauf setzen.

Wer will, kann noch Puderzucker darüber stäuben.

Tipp:

Der Teig ist ziemlich mürbe und muss doch dünn ausgerollt werden. Deshalb solltest du immer nur kleine Portionen ausrollen und den Tisch sowie die Nudelrolle mit Mehl bestäuben. Bestreue die dicke Teigplatte nach dem ersten Ausrollen mit Mehl und drehe sie um – dann klebt die Unterseite nicht so schnell und auch das Ausstechen geht leichter. Die Ausstechreste immer sofort wieder in den Kühlschrank legen und dann mit frischen Teigportionen mischen. Sonst hast du am Ende trockenen Mehlteig.

Marmeladenwahl

Du kannst natürlich auch andere Marmeladen zum Bestreichen verwenden. Vielleicht hast du ja eine Lieblingsmarmelade, die du selber im Sommer eingemacht hast.

Tipp:

Solange sie warm sind, zerbrechen die Kipferl leicht. Aber wenn sie erkaltet sind, bleibt der Puderzucker nicht mehr kleben. Lasse sie also am besten auf dem Blech lauwarm werden, bevor du ihnen das Zuckerbad verpasst.

Das brauchst du für ca. 80 Stück:

200 g Butter oder Margarine
70 g Zucker
1 Pck. Vanillezucker
280 g Mehl
100 g geriebene Haselnüsse
zum Wälzen:
4 EL Puderzucker
2 EL feiner Zucker
4 Pck. Vanillezucker
Backpapier für das Blech

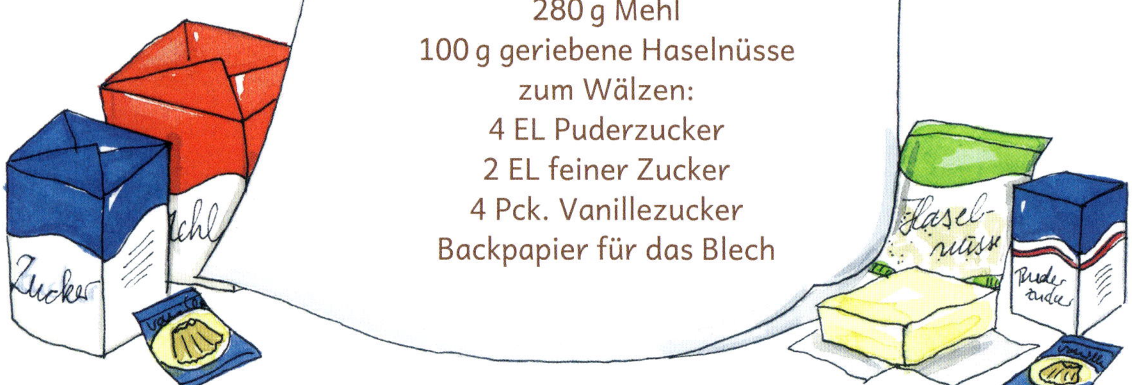

Glückskipferl

Wie die Sternchen staunen: Da hat der Storch ein echtes Glückskind abgesetzt. Denn es hält ein vierblättriges Kleeblatt in der Hand – ein Glückssymbol – wie Schornsteinfeger, Schweinchen und Hufeisen. Da ist es bis zum Kipferl nicht weit …

So wirds gemacht:

Butter, Zucker und Vanillezucker cremig rühren. Das Mehl und die Haselnüsse dazugeben und verrühren. Kurz in den Kühlschrank stellen, damit der Teig etwas fester wird.

Dann den Teig zu langen Würsten von etwa 3 cm Durchmesser rollen. In Frischhaltefolie wickeln und für mindestens 2 Stunden in den Kühlschrank legen, bis sie hart sind.
Zwei Backbleche mit Backpapier auslegen.

Den Teig in ½ cm dicke Scheiben schneiden. Die Arbeitsfläche leicht bemehlen.

Jede Teigportion zu einer Kugel rollen, dann auf dem Tisch erst zu einem kleinfingerdicken Würstchen rollen, dieses zu Kipferl biegen (sieht aus wie ein Hufeisen) und auf das Blech legen.

Den Backofen auf 180 Grad vorheizen. Die Kipferl im heißen Ofen etwa 13 Minuten backen.

Den Puderzucker in eine Schüssel sieben und mit dem Zucker und dem Vanillezucker verrühren. Die gebackenen Kipferl noch warm behutsam kopfüber in den Zuckermix legen, hin- und herbewegen und auf einem Tablett ganz abkühlen lassen.

So kannst du Nüsse mahlen

Nüsse und Mandeln gibt es auch fertig gemahlen. Bei Mandeln musst du darauf achten, ob es geschälte Mandeln sind – dann sind sie ganz hell – oder ob die Mandeln mit Schale gemahlen wurden – dann sehen sie gesprenkelt aus. Für manche Rezepte ist das wichtig. Magst du etwa weiße Zimtsterne und braunes Marzipan?
Wenn du ganze Nüsse oder Mandeln selber mahlen möchtest, gibt es mehrere Möglichkeiten:
• Du kannst sie in einer Handmühle mahlen, wie das Kinder schon zu Ida Bohattas Zeiten gemacht haben.
• Du kannst sie im Blitzhacker sehr fein mahlen.
• Weiche Nussarten wie Walnüsse und Haselnüsse kannst du in einer hohen Rührschüssel auch mit dem Pürierstab zerkleinern. Aber sie werden nicht so gleichmäßig fein und es kann ziemlich spritzen.

Kokosmüffchen

So duftig weiß und leicht wie Christröschens Muff sind die zarten Makronen sicherlich. Aber innen drin haben sie nicht etwa ein Loch für frostige Finger, sondern eine süße Überraschung! Da wird dir sicher vor Freude ganz warm.

Das brauchst du für 1 Blech:

2 Eiweiß
1 TL Zitronensaft
140 g Zucker
30 g Kokosflocken
ca. 40 kleine Backoblaten
60 g Marzipanrohmasse

So wirds gemacht:

Das Eiweiß steif schlagen und langsam den Zitronensaft eingießen. Den Zucker ebenfalls langsam einrieseln lassen und dabei weiterschlagen. Die Kokosflocken unterziehen.

Den Backofen auf 150 Grad vorheizen. Backoblaten auf einem Backblech verteilen.

Die Marzipanrohmasse mit den Händen durchkneten und daraus kleine Kugeln formen. Auf den Oblaten verteilen.
Mit 2 Teelöffeln je einen Klecks der Eiweißmasse auf jede Kugel geben.

Bei 150 Grad ca. 20 Minuten hellgelb backen.

Idee

Statt Marzipan kannst du auch Stückchen getrockneter Ananas, getrocknete Kirschen oder dicke Rosinen im Kokoshäufchen verstecken. Die Trockenfrüchte dann mit etwas Zitronensaft beträufeln und ziehen lassen. Probier es mal statt mit Kokosflocken mit gemahlenen Haselnüssen, Mandeln, grob gehackten Walnüssen oder Sesamsamen. Eben mit allen möglichen Nüssen – weiß werden die Makrönchen dann aber nicht.

Piepmatz-Taler

Heinzel versorgt den kleinen Piepmatz mit Wärme und Brot. Wenn dir mal ganz kalt ist (vielleicht nach einer Schlittenfahrt) mach es dir mit den leckeren Talern und einem warmen Kakao oder der Zaubermilch vor der Heizung gemütlich.

Das brauchst du für 2 Bleche:

75 g Marzipanrohmasse
175 g weiche Butter
80 g Puderzucker
1 Pck. Vanillezucker
1 Prise Salz
250 g Mehl
3 EL Kakao
eventuell 1 EL Milch
Backpapier für das Blech

So wirds gemacht:

Marzipan in grobe Stücke teilen und mit der Butter verrühren. Nach und nach die restlichen Zutaten, bis auf den Kakao, dazugeben und alles zu einem glatten Teig verkneten.

Den Teig teilen und in eine Hälfte den Kakao kneten. Wenn die Masse zu fest ist, 1 EL Milch zugeben. Die beiden Hälften nun ganz rasch miteinander verkneten, sodass der Teig etwas marmoriert ist, man also helle und dunkle Stücke noch unterscheiden kann.

Aus dieser Masse etwa 3 cm dicke Rollen formen und abgedeckt etwa 1 Stunde in den Kühlschrank legen, bis die Rolle knallhart geworden ist. Den Backofen auf 180 Grad vorheizen. Die Bleche mit Backpapier auslegen.

Die Teigrollen in gleichmäßige Scheiben von etwa ½ cm Dicke schneiden und auf die Bleche legen.

Die Taler im heißen Backofen 15 Minuten backen.

Tipp:

Dieses Rezept ist ideal, wenn du viele Plätzchen backen willst – für die Adventsfeier in der Schule oder deine hungrigen Freunde. Hast du erst einmal die Rolle gemacht, musst du jeden Taler einfach nur noch abschneiden.

★★

Das brauchst du für 2 Bleche:

100 g Butter
50 g Zucker
1 Ei
abgeriebene Schale von ½ unbehandelten Zitrone
1 Spritzer Zitronensaft
2 EL Orangensaft
1 Prise Salz
250 g Mehl
100 g Puderzucker
2 EL Zitronensaft
Backpapier für das Blech

Tipp:

Wenn du möchtest, kannst du auf den noch flüssigen Guss Gummibärchen, gehackte Pistazien, Bananenchips oder sogar Mandarinenstückchen, Weintrauben oder Kapstachelbeeren legen. Dann hast du bunte Häppchen. Die mit frischem Obst musst du sofort essen.

Saure Häppchen

Die Mäusekinder bekommen sicher etwas ganz Gesundes, ganz Feines. Vielleicht Vitaminsaft? Jedenfalls freuen sie sich auf die kleine Stärkung. Du kannst dich auch schon darauf freuen, deine selbst gebackenen Häppchen zu essen. Die schmecken nämlich schön säuerlich. Aber fit machen sie nur, wenn du dazu ein Glas frisch gepressten Orangensaft trinkst.

So wirds gemacht:

Die Butter in eine Schüssel geben und mit Zucker und Ei cremig rühren. Zitronenschale und -saft, Orangensaft und Salz dazugeben und weiterrühren. Das Mehl einrieseln lassen und mit den Händen kräftig verkneten.

Den Teig in Folie packen und für 1 Stunde in den Kühlschrank stellen.

Das Backpapier auf die Größe des Blechs zurechtschneiden und auf den Arbeitstisch legen. Den Teig zu einer sehr dicken Rolle formen und auf das Backpapier legen. Mit den bemehlten Händen zu einer flachen Platte drücken. Nun ein großes Stück Frischhaltefolie über den Teig legen (er klebt nämlich ziemlich stark) und mit der Teigrolle die Oberfläche glätten. Der Teig sollte etwa 8 mm dick sein.

Die Folie abziehen und den Teig an mehreren Stellen mit einem Holzspießchen einstechen, damit er beim Backen keine Luftblasen bekommt.

Den Backofen auf 170 Grad vorheizen und die Platte darin etwa 15 Minuten goldgelb backen.

Den Puderzucker und 2 EL Zitronensaft zu einem Guss verrühren und auf der noch warmen Keksplatte verteilen.
Mit einem Messer oder einem Teigrädchen kleine Quadrate von etwa 3 cm Kantenlänge schneiden.

Alles ganz abkühlen lassen und die Happen vom Blech nehmen.

Sauer macht lustig

In vielen Backrezepten findest du Zitronensaft. Denn schon früher haben die Zuckerbäcker gemerkt, dass mit Zitronensaft das Gebäck einfach besser gelingt. Die Zitronenschale dagegen gibt einen schönen säuerlichen Geschmack. Doch manche Zitronen werden mit Konservierungsmitteln „eingenebelt“, die auf der Schale bleiben. Verwende deshalb nur Zitronen, auf denen „unbehandelt“ steht und wasche sie mit heißem Wasser ab. Dann raspelst du die Schale auf einer feinen Reibe nur an der Oberfläche ab, bis du an die weiße Unterhaut kommst. Die kannst du nicht brauchen – sie schmeckt nämlich bitter. Ähnlich wie Vanillezucker kannst du auch Zitronenzucker machen: Wenn du nur Zitronensaft brauchst, schälst du die Schale mit dem Sparschäler flach ab und gibst sie mit Zucker für mindestens eine Woche in ein Schraubglas: Schon hast du Zitronenzucker. Er wird nicht schlecht und du kannst immer wieder Zucker und Zitronenschale nachfüllen.

Das brauchst du für
4 große Becher:

1 Liter Wasser
1 unbehandelte Blutorange
1 Zimtstange
3 Nelken
2 Sternanis
3 Beutel Früchtetee
1 Glas Apfelsaft

Tipp:

Wenn du mal mehr als 4 Gäste hast, kannst du das Eishöhlengebräu ganz einfach zaubern. Du kochst dann dementsprechend mehr und füllst das Gebräu in ein hitzebeständiges Bowlengefäß (deine Mutter hilft dir sicher). Dann kannst du, wie das Eismännlein auf dem Bild, den Saft mit einer Kelle in die Becher füllen. Die Teebeutel solltest du nach 10 Minuten herausnehmen, die Gewürze bleiben drin.

Eishöhlengebräu

Bei so einem leckeren Getränk kommen die Eismännlein aber mächtig ins Schwitzen. Genieße es am besten mit etwas Selbstgebackenem nach einem Winterspaziergang oder einer Schneeballschlacht, denn du verträgst Hitze besser als die Eismännlein.

So wirds gemacht:

Die Orange heiß abwaschen und in dicke Scheiben schneiden.

Die Nelken in die Schale stecken. Alle Orangenscheiben und Gewürze mit dem Wasser in einen großen Topf geben und zum Kochen bringen. 5 Minuten kochen lassen.

Den Früchtetee zugeben und den Herd ausstellen.

Nach 10 Minuten den Apfelsaft hineingeben: Jetzt ist das Gebräu fertig und kann aus dem Topf geschöpft werden.

Wenn es zu stark abgekühlt ist, machst du es noch einmal heiß.

Weihnachtsduft

Weihnachtsgewürze, die so dekorativ sind wie Zimt, Sternanis und Nelken, kannst du mit Nüssen in kleinen Tellern als „Potpourri" arrangieren – dann duftet es im ganzen Zimmer gut. Gut dazu passt eine „duftende" Frucht. Dafür brauchst du eine Zitrone oder kleine Orange und Nelken. Nimm dir eine dicke Nadel und stich damit vorsichtig ein Muster in die ganze Frucht. Das können z.B. Sterne, Herzen, Kreise oder auch Linien sein. Dann steckst du in jedes Loch eine Nelke. Jetzt hast du einen „Pomander", wie die Bayern sagen. Du wirst sehen – oder besser gesagt riechen –, dass Weihnachten gar nicht mehr so weit weg ist. Auch aus Sternanis kannst du etwas Tolles basteln: Schneide eine Orange in etwa ½ cm dicke Scheiben. Die legst du dann auf das Backofengitter und lässt sie bei 70 Grad für etwa 5 Stunden trocknen. Das dauert zwar sehr lange, dafür sind sie nach dem Trocknen nicht ganz so schrumpelig. Dann nimmst du dir einen Sternanis und legst ihn auf die Mitte der Orangenscheibe. Jetzt noch mit einem goldenen Bouillon-Draht (das ist so einer, den du ganz weit auseinander ziehen kannst) die Orangenscheibe ganz oft umwickeln, damit der Sternanis nicht mehr herunterfallen kann. Die fertigen Früchte kannst du im Zimmer verteilen oder mit einem dünnen Band an Geschenke oder an den Weihnachtsbaum hängen.

Kuchen, Muffins und Co.

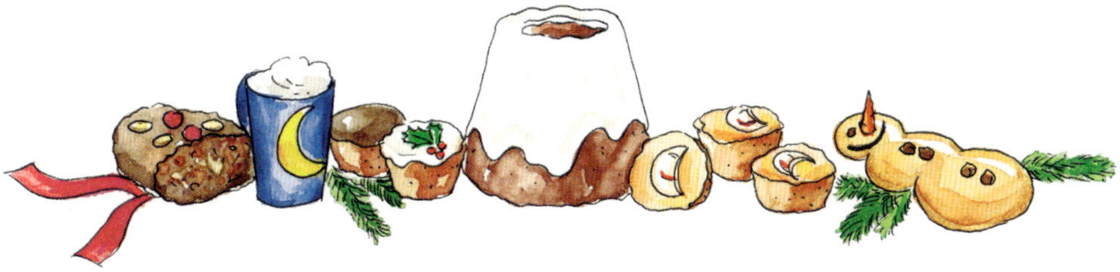

Die Engelchen sind gerade dabei, einen leckeren Teig zu rühren.
Mach es doch einfach genauso – Backmütze auf, Schürze um und schon kannst du losbacken!
Was du über Kuchen, Waffeln und Muffins noch wissen solltest:

- Um zu prüfen, ob dein Kuchen fertig ist, nimmst du ein langes Holzspießchen und stichst damit an der höchsten Stelle in den Kuchen. Wenn beim Herausziehen am Stäbchen keine Teigspuren mehr hängen, ist der Kuchen fertig.
- Jetzt muss der Kuchen noch ein wenig abkühlen. Sonst ist er nicht fest genug und fällt auseinander. Das Stürzen geht so: Du legst ein Kuchengitter auf die Form und drehst den Kuchen einfach um. Achtung – die Form kann dann noch warm sein – also lieber Handschuhe anziehen oder Topflappen benutzen. Wenn der Kuchen nicht aus der Form will, versuchst du es mit einem feucht warmen Tuch, das du ein paar Minuten auf die Form legst. Oder du löst vor dem Stürzen den Kuchen vorsichtig mit einem dünnen Messer vom Rand ab.
- Muffins, Waffeln, Schneemänner aus Quark-Öl-Teig und „Äpfel im Schlafrock" schmecken frisch und lauwarm am besten. Kuchen kannst du kühl bis zu 1 Woche aufbewahren. Früchtebrot dagegen hält sich wesentlich länger, es wird sogar besser, je länger es liegt. Du packst es am besten sofort nach dem Zubereiten in Frischhaltefolie und legst es in eine Blechdose – wie die Plätzchen.
- Muffins und Kuchen eignen sich ideal zum Dekorieren. Du kannst z. B. Marzipanfiguren darauf setzen, verschiedene Glasuren darüber gießen oder sie mit Zuckerperlen verzieren. So kannst du richtige Kunstwerke zaubern.

Für eine Gugelhupfform mit 1 Liter Inhalt brauchst du:

50 g Vollmilchschokolade
100 g Butter oder Margarine
120 g Zucker
1 Ei
150 g Mehl
100 g zarte Haferflocken
½ Päckchen Backpulver
75 ml Apfelsaft
1 kleinen Apfel
1 Teelöffelspitze Lebkuchengewürz
1 Prise Salz
Margarine und Mehl für die Form

Adventskuchen

Wenn es ein echter Adventskuchen werden soll, setzt du noch 4 rote Kerzen auf den Kuchen und legst wie in England Stechpalmenzweige rundherum. Am schönsten sind die mit den roten Beerenmädchen.

So wirds gemacht:

Schokolade in einem Topf bei sehr kleiner Hitze schmelzen, etwas abkühlen lassen.

Inzwischen Butter, Zucker und Ei schön schaumig rühren. Die Schokolade zugeben und weiterrühren. Am besten mit dem Handrührgerät.

Mehl, Haferflocken und Backpulver miteinander mischen und abwechselnd mit dem Apfelsaft in die Buttermischung rühren.

Den Apfel waschen und mit der Schale grob raspeln (die schmeckt man hinterher nämlich gar nicht). Apfel, Lebkuchengewürz und Salz zum Teig geben und alles miteinander verrühren.

Den Backofen auf 180 Grad vorheizen. Die Gugelhupfform einfetten und mit etwas Mehl bestäuben. Den Teig einfüllen und 50–60 Minuten backen. Mit einem Holzstäbchen die Garprobe machen. (Wie das geht, steht auf Seite 121.) Aus dem Ofen nehmen und 5 Minuten ruhen lassen. Danach auf ein Kuchengitter stürzen.

Den Zuckerguss zubereiten (die genaue Zubereitung findest du auf Seite 83) und den Kuchen damit einpinseln.

Wenn du keinen Zuckerguss magst, kannst du Puderzucker mit etwas Zimt mischen und über den Kuchen sieben.

Es roch so nach Äpfeln und Nüssen und ...

... Lebkuchengewürzen. Sie sind eine Mischung aus Nelken, Muskatblüte, Zimt, Piment und Kardamom, mit der schon im Mittelalter das Weihnachtsgebäck gewürzt wurde. Du bekommst diese Mischung in der Adventszeit im Gewürzregal im Supermarkt. Du kannst sie aber auch selber mischen – wenn du die einzelnen Gewürze gemahlen zu Hause hast. Nimm am besten einen Puppenlöffel aus einem Puppenbesteck zum Abmessen: 2 PL Zimt, jeweils ½ PL gemahlene Nelken, Piment, Muskatblüte und Kardamom. Adventsgewürze sind nämlich ganz schön stark – du brauchst meist nur wenig davon.

Das brauchst du für 4 Schneemänner:

300 g Mehl
½ Pck. Backpulver
1 Ei
3 EL Zucker
1 Pck. Vanillezucker
150 g Quark
6 EL Öl
1 Prise Salz

Zum Bestreichen:

1 Ei
80 g Hagelzucker
Rosinen, Haselnüsse, Marzipanmöhren und Lakritze zum Verzieren
Backpapier für das Blech

Schneemänner

An diesen Schneemännern nagt keine Wärme – es nagen nur deine hungrigen Zähne daran. Und das ist gut so: Sie schmecken nämlich am besten ganz frisch aus dem Ofen!

So wirds gemacht:

Mehl mit dem Backpulver vermischen. Das Ei mit dem Zucker und dem Vanillezucker schaumig schlagen, dann Quark, Öl und Salz unterrühren. Diese Mischung zum Mehl geben und zu einem formbaren Teig kneten.

Den Backofen auf 180 Grad vorheizen. Das Backblech mit Backpapier auslegen.

Den Teig in vier Portionen teilen. Aus jeder Portion eine riesengroße Kugel für den Bauch, eine mittelgroße für die Brust und eine kleine für den Kopf formen.

Auf dem Backblech zum Schneemann zusammen legen. Das Ei mit etwas Wasser verrühren und die Schneemänner damit bestreichen, mit Hagelzucker „beschneien“. Für die Augen Rosinen in den Kopf drücken, für die Knöpfe Haselnüsse verwenden.

Die Figuren im heißen Backofen auf der Mittelschiene etwa 15–20 Minuten backen. Dann erst die Marzipanmöhre als Nase in den Kopf stecken. Aus Lakritzschnur den Mund formen und mit etwas Honig aufkleben.

Schmeckt am besten frisch!

Aufgeplusterter Teig

Dieser Teig mit Backpulver, Quark und Öl heißt Quark-Öl-Teig und ist eigentlich ein moderner Hefeteig, der nicht „gehen“ muss (Seite 95), also besonders schnell gemacht ist. Das liegt am Backpulver, das du von Muffins und Guglhupf kennst. Denn das plustert den Teig beim Backen auf: Hitze lässt das Backpulver so reagieren, dass kleine Luftbläschen entstehen – wie beim Sprudel. Die machen den Teig locker. Trotzdem fehlt dem Quark-Öl-Teig der Hefegeschmack und -duft. Er ist aber durch den Quark schön saftig. Wenn er länger liegt, schmeckt er nicht mehr so toll.

Das brauchst du
für 4 kleine Früchtebrote:

400 g Trockenobst
(z.B. Pflaumen, Aprikosen, Birnen, Äpfel)
¼ l Apfelsaft
200 g Mandelstifte
80 g Honig
100 g Rosinen
500 g Mehl
1½ Pck. Backpulver
1 Pck. Lebkuchengewürz
1 TL Zimt
1 EL Kakao
etwas Milch zum Bestreichen
Mandeln und kandierte Früchte zum Verzieren
Backpapier für das Blech

Stachis Früchtebrot

Winterschläfer brauchen eine gut gefüllte Vorratskammer – damit sie gleich was zu schnabulieren haben, wenn sie hungrig wach werden. Mit diesem Früchtebrot ist Igel Stachi bestens versorgt.

So wirds gemacht:

Das Trockenobst grob hacken – am besten mit dem Wiegemesser. Dann mit dem Apfelsaft in einer Schüssel vermischen. Die Früchte etwa 30 Minuten darin ziehen lassen.

Mandelstifte, Honig, Rosinen, Mehl und Backpulver mit der Küchenmaschine verkneten und nach und nach Lebkuchengewürz, Zimt und Kakao zugeben. Alles so lange weiterkneten, bis ein glatter Teig entsteht.

Die eingeweichten Früchte abtropfen lassen und untermischen. Den Backofen auf 180 Grad vorheizen und das Backblech mit Backpapier auslegen.

Den Teig in 4 ungefähr gleich große Portionen teilen und daraus jeweils ein Brot formen. Auf das Blech setzen und die Oberfläche mit Milch bestreichen. Mandeln und kandierte Früchte in die Brote drücken.

Die Brote etwa 60 Minuten backen, kurz stehen lassen und dann vom Blech lösen. Jetzt nur noch vollständig auskühlen lassen. Jedes Brot in Frischhaltefolie wickeln und am besten in einer Blechdose kühl aufbewahren.

Tipp:

Wenn du ganz weiche, saftige Trockenfrüchte nimmst, musst du sie nicht mehr einweichen.

Wintervorräte

Stachi braucht für seinen Winterschlaf eine ganze Menge Vorräte, damit er gleich etwas zu essen hat, wenn er wach wird. Das Früchtebrot war früher, als es noch kein Gefrierfach gab, eine tolle Vorratsmöglichkeit für den Winter. Denn es bleibt ganz lange saftig und frisch. Heute backen wir es, weil es uns schmeckt. Lass es aber mindestens 1 Woche durchziehen, bevor du es anschneidest – oder verschenkst.

Das brauchst du für
ca. 15 Stück:

150 g Butter
150 g braunen oder weißen Zucker
150 g Naturjoghurt
4 Eier
400 g Mehl
1 TL Backpulver
1 Prise Salz
200 ml Multivitaminsaft
Butter für das Waffeleisen
evtl. Zimtzucker oder Puderzucker
zum Bestreuen

Bienchens Vitaminwaffeln

Kleine Bienchen brauchen einen Löffel Honig, um gesund zu bleiben. Und Menschenkinder? Mein Geheimtipp gegen Wintermüdigkeit und Schnupfennase: viel Fruchtsaft und Obstsalat!

So wirds gemacht:

Die Butter mit dem Zucker schaumig rühren und den Joghurt langsam dazugeben. Dann nach und nach die Eier unterrühren – die Masse wird jetzt ein bisschen flüssig und krisselig.

Mehl, Backpulver und Salz mischen und unter den Teig rühren. Zum Schluss den Saft unterziehen, sodass der Teig schön dickflüssig ist.

Das Waffeleisen vorheizen und einfetten, und die Waffeln nacheinander goldbraun backen. Nach jeder Waffel das Eisen wieder ein bisschen einfetten.

Nach Belieben mit Zimtzucker oder Puderzucker bestreuen.

Tipp:

Früher hat man das Waffeleisen mit einem Stückchen Speckschwarte eingerieben. Probiers mal, wenn du eine hast. Das ist nämlich praktisch: die Schwarte fettet gerade so viel, wie es das Eisen braucht. Und außerdem schmeckt es gut.

Vitamine

Im Winter sind Vitamine knapp – weil wir da nicht so viel Obst, Salat und Gemüse essen. Da ist Multivitaminsaft als Ausgleich ganz gut. Noch besser ist es aber, zu den Waffeln eine tüchtige Portion Banane mit Zitronensaft oder rosa Grapefruit oder Mandarinchen zu futtern. Und wenn du noch gesünder naschen willst, kannst du statt des Multivitaminsaftes auch frisch gepressten Zitronensaft nehmen – und Naturjoghurt.

Das brauchst du für 12 Stück:

150 g Mehl
100 g Haferflocken
2 TL Backpulver
2 gestrichene TL Lebkuchengewürz
150 ml Milch
1 Ei
150 g Vanillejoghurt
100 g Zucker
100 g Walnüsse
100 g Schokolade
100 g Butter
12 Papierförmchen oder 1 Muffinform
Schoko- und Zuckerguss
Süßigkeiten zum Verzieren

Weihnachtsmuffins

*Jetzt ist die Zeit der kleinen Überraschungen, der Wichtelsäcke und Besuche.
Verschenke deine Weihnachtsmuffins – und lasse alle daran schnuppern.*

So wirds gemacht:

Das Mehl mit den Haferflocken, dem Backpulver und dem Lebkuchengewürz in einer Schüssel vermischen. In einer anderen Schüssel Milch, Ei, Joghurt und Zucker schaumig rühren.

Dann die Mehlmischung zur Milchmischung geben und rasch unterheben. Den Backofen auf 180 Grad vorheizen.

Die Walnüsse auf einem Küchenbrett klein hacken und die Schokolade in grobe Stücke teilen. Die Butter bei geringer Hitze in einem Topf schmelzen lassen.

Vier Esslöffel von der geschmolzenen Butter abnehmen und damit die Muffinform einpinseln. Dann die Schokoladenstücke zur restlichen Butter geben und ebenfalls schmelzen lassen. Den Herd ausschalten.

Die Nüsse zur flüssigen Schokolade geben. Jetzt noch die Schoko-Nussmischung in den Teig rühren und ihn in die Muffinform oder die Papierförmchen füllen. Aber nicht randvoll machen, weil sonst der Teig überläuft!

Mit einem Teelöffel den Teig glatt streichen. Die Muffins im Backofen etwa 20 Minuten backen.

Wenn die Form nicht mehr heiß ist, kannst du die Muffins mit einem Messer ganz vorsichtig aus der Form lösen.

Jetzt kannst du sie nach Herzenslust verzieren. Zuerst Schoko- oder Zuckerguss darüber träufeln. Und dann mit Nüssen oder weißer Schokolade, Gummibärchen, Liebesperlen oder Marzipanfiguren garnieren.

Tipp:

Muffins backen ist keine Kunst – aber es gibt ein paar Tricks. Das Geheimnis: Du musst die „trockenen“ Zutaten wie Mehl, Nüsse, Backpulver und die „feuchten“ Zutaten wie Ei, Milch, Fett zunächst getrennt voneinander verrühren. Erst dann werden sie zu einem Teig gemischt. Am besten geraten Muffins im Muffinblech – da können sie nicht auseinander laufen. Wenn du Papierförmchen hineinsetzt, brauchst du auch nichts einzufetten. Bäckst du nur in Papierförmchen auf dem Blech, dann setze zwei zusammen, damit sie fester sind. Und fülle die Formen nur zur Hälfte mit Teig – Muffins gehen durch das Backpulver nämlich tüchtig auf. Warum? – Lies mal auf Seite 125 nach.

Das brauchst du für 5 knusprige Äpfel:

300 g tiefgekühlten Blätterteig
(5 Platten)
5 leicht säuerliche Äpfel (z.B. Boskoop)
3 EL gehackte Haselnüsse
3 EL Kirschmarmelade
(oder eine andere Sorte)
1 Ei zum Kleben und Bestreichen
Puderzucker zum Bestäuben
Backpapier für das Blech

Äpfel im Schlafrock

*Engelchen reisen gerne im Nachthemd – wie du siehst. Und Äpfelchen?
Im Schlafrock, natürlich! Iss sie, solange sie noch warm sind.*

So wirds gemacht:

Die Blätterteigplatten auslegen und auftauen lassen. Den Backofen auf 200 Grad vorheizen und das Backblech mit Backpapier auslegen.

Die Äpfel waschen und mit einem Apfelausstecher das Kerngehäuse entfernen. Das klappt auch mit einem Küchenmesser – Hauptsache, das Loch in der Mitte ist groß genug für die Füllung.

Die Haselnüsse mit der Kirschmarmelade mischen und in die ausgestochenen Äpfel füllen.

Die Blätterteigplatten jeweils mit einem Nudelholz zu einer quadratischen Form ausrollen und je einen Apfel darauf setzen. Am besten gleich auf dem Backblech.

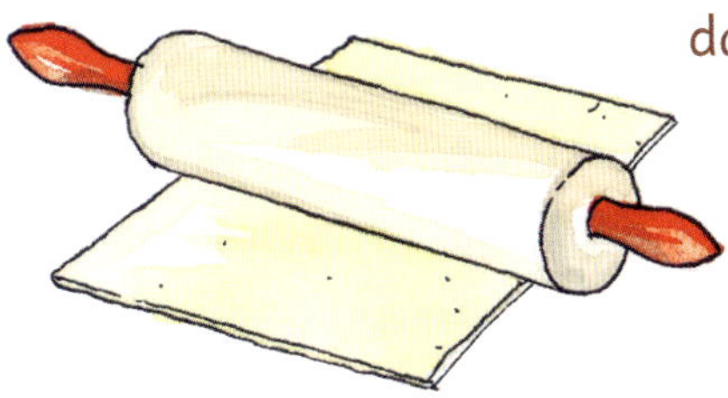

Die Teigzipfel an den Kanten mit Ei bestreichen und so über den Apfel klappen, dass sie sich überlappen und den Apfel völlig einhüllen. Mit Ei rundherum einpinseln.

Das Blech mit den Äpfeln in die mittlere Ofenschiene schieben und etwa 20 Minuten backen.

Nach Belieben mit Puderzucker bestäuben.

Variante

Du kannst zu den Nüssen statt Marmelade Rosinen geben und alles mit etwas Zucker und Zitronensaft mischen. Das füllst du dann in die ausgestochenen Äpfel. Schmeckt superlecker.

Apfel-Tipps:

Am besten du nimmst für die Äpfel im Schlafrock die Apfelsorte Boskoop. Sie ist schön säuerlich und behält beim Backen ihre Form. Roh schmeckt sie nicht ganz so fein – da schmecken Cox Orange, Braeburn oder Gala besser. Zum Dekorieren oder Aufhängen nimmst du die kleinen, roten Weihnachtsäpfel.

Das brauchst du für ca. 40 Stück:

6 Eier
180 g Butter
220 g Schokolade, halb hell, halb dunkel
200 g Zucker
60 g Mehl
Für die Glasur:
200 g Zartbitterkuvertüre
etwa 200 g Walnusshälften
oder Haselnüsse

Nussbrownies

Brownies sind eine amerikanische Spezialität und etwas für Blitzbäcker. Du bäckst sie nämlich wie einen Kuchen auf dem Blech und schneidest sie dann in Stückchen. Aber stelle sie bloß nicht aufs Fensterbrett – sonst könnte ein Eichhörnchen sie klauen …

So wirds gemacht:

Zuerst die Eier trennen. Die Butter bei ganz kleiner Hitze schmelzen, dann die Schokolade in Stückchen zugeben und ebenfalls zergehen lassen. Zucker, Eigelbe und das Mehl nacheinander einrühren.

Das Eiweiß zu steifem Eischnee schlagen und vorsichtig unter die Schokoladenmasse heben.

Den Backofen auf 180 Grad vorheizen. Eine rechteckige, ofenfeste Form (z.B. eine Auflaufform mit der Größe 22 x 30 cm) einfetten und den Teig hineingeben.

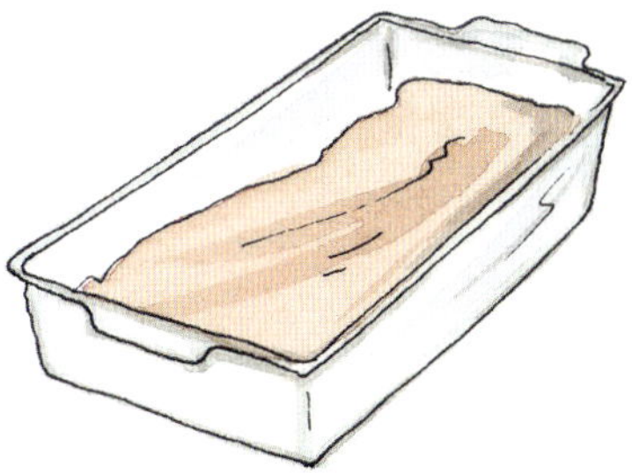

Im Backofen etwa 35 Minuten backen.

Die Brownies auskühlen lassen und anschließend aus der Form stürzen.

Die Kuvertüre ganz langsam erwärmen. Wenn sie flüssig ist, auf den Brownies verteilen.

Den gebackenen Teig in 3–4 cm große Würfel schneiden und je eine Nusshälfte aufsetzen, solange der Guss noch weich ist.

Tipp:

Die Brownies werden in der Mitte gar nicht richtig fest, sondern bleiben cremig – wie Konfekt. Denn das Mehl kann die Menge an Schokolade nicht ganz aufnehmen. Also, die Garprobe mit dem Hölzchen funktioniert bei den Brownies nicht! Du kannst dich auf die Backzeit aber 100-prozentig verlassen.

Das brauchst du für 12 Stück:

150 g Mehl
2 TL Backpulver
50 g Zucker
1 Prise Salz
150 ml Buttermilch
4 EL Öl
1 Ei
⅛ l Ananassaft
150 g Marzipan-Rohmasse
4 EL Aprikosenmarmelade
50 g Kokosflocken
Butter zum Einfetten der Muffinform
oder 12 Papierförmchen

Mondscheinmuffins

Diese Muffins schmecken am allerbesten, wenn du sie bei Mondschein zum Vorleseabend servierst. Mit gesunder „Zaubermilch“, natürlich. (vgl S. 141)

So wirds gemacht:

In einer Schüssel Mehl, Backpulver, Zucker und Salz verrühren. In einer anderen Schüssel Buttermilch, Öl, Ei und Ananassaft verrühren.

Das Marzipan in Stückchen schneiden.

Den Buttermilchmix zur Mehlmischung geben und alles miteinander verrühren. Dann die Marzipanstückchen unterziehen.

Den Backofen auf 180 Grad vorheizen und die Muffinform einfetten oder Papierförmchen hineinsetzen.

Den Teig in die Muffinform füllen und im Backofen etwa 20 Minuten goldbraun backen.

Die Muffins etwa 5 Minuten abkühlen lassen und danach aus der Form herauslösen und vollständig abkühlen lassen.

Die Aprikosenmarmelade mit einem Teelöffel heißem Wasser verdünnen, die Muffins damit einstreichen und mit Kokosflocken bestreuen.

Tipp:

Noch echter wird der Mondscheinmuffin, wenn du ihn mit einer gebackenen Mondsichel krönst. Stich einfach bei den Aufhängern oder Zimtsternen auch ein paar Monde aus. Oder du nimmst noch mehr Marzipan und rollst es auf Kokosflocken langsam dick aus – Vorsicht, es klebt! Dann Monde ausstechen. Jetzt malst du jedem Mond ein Gesicht mit Zuckerschrift. Fertig!

Tipp:

Am besten, du baust dein Haus auf eine große, dicke Pappe oder ein Tablett. Dann kannst du auch rund um das Haus weiterbauen: einen süßen Plattenweg, Puderzuckerschnee, Tannen oder Engelchen aus Marzipan ...

Das brauchst du für 1 Knusperhäuschen:

300 g Honig
100 g braunen Zucker
50 g weiche Butter
2–3 EL Milch
2 Eier
500 g Mehl
1 TL Backpulver
200 g Mandeln, fein geschält und fein gemahlen
150 g Zartbitterkuvertüre
2 TL Lebkuchengewürz
10 g Kakaopulver
3 EL Kondensmilch
Backpapier für das Blech
für den „Mörtel“:
1 Eiweiß
250 g Puderzucker
1 TL Sahnesteif
1–3 EL Zitronensaft

Knusperhäuschen

Ein echtes Knusperhäuschen gehört einfach zur Adventszeit. Vielleicht kannst du es mit Freunden zusammen bauen. Oder für die ganze Klasse! Wie bei einem Adventskalender darf an jedem Tag etwas Süßes vom Dach geknuspert werden.

So wirds gemacht:

Den Honig mit Zucker, Butter, Milch und Eiern verrühren. Mehl, Backpulver und Mandeln langsam dazugeben und verkneten. Kuvertüre bei kleiner Hitze schmelzen und mit Lebkuchengewürz und Kakaopulver unter den Teig rühren.

Den Backofen auf 160 Grad vorheizen und ein tiefes Backblech mit Backpapier auslegen.

Den Teig gleichmäßig mit einem Nudelholz ausrollen und auf das Blech legen. Mit der Kondensmilch bestreichen und 25 Minuten backen.

Schneide dir nach diesem Schnittmuster Schablonen aus Papier zu. Die Maße sind in mm angegeben.

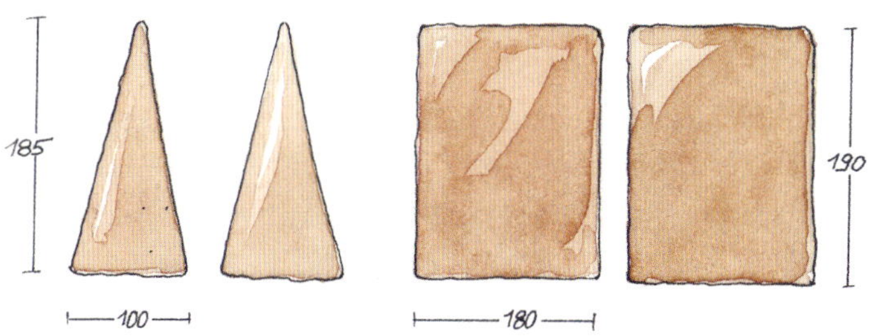

Den Kuchen etwas auskühlen lassen und mit dem Backpapier vom Blech nehmen. Dann die Schablonen auflegen und das Häuschen ausschneiden. Das Backpapier vorsichtig abziehen und alles vollständig erkalten lassen.

Zum Zusammenbauen des Hauses brauchst du festen Zuckerguss. Also: erst das Eiweiß zu festem Schnee schlagen. Dann unter weiterem Schlagen den gesiebten Puderzucker und zuletzt das Sahnesteif einrieseln lassen. So viel Zitronensaft in den Schnee geben, dass ein fester, aber streichfähiger „Mörtel“ entsteht.

Nun die beiden Giebelseiten an ihren oberen Kanten mit Guss bestreichen. Jetzt brauchst du Hilfe: Einer stellt die Giebel auf und hält sie aufrecht, während du die Dachflächen darauf legst. Oben, wo das Dach zusammenstößt, alles dick mit Mörtel einstreichen.

Nun kannst du noch einen Schornstein aus dem Restteig schneiden und aufs Dach kleben. Und Watte daran befestigen. Ist das Haus stabil, geht die Dekoration los: Du kannst mit dem Zuckerguss alles, was du gerne magst, auf den Lebkuchen kleben. Und zwar nicht nur Gummibärchen und Schokolinsen, sondern auch selbst gebackene Plätzchen und Konfekt. Auf die Giebelseiten kannst du auch statt Süßigkeiten mit Zuckerguss Türen und Fenster aufmalen.

Das brauchst du für 2 Riesenbecher:

1 Vanilleschote
1 Nelke
1 Zimtstange
1 EL dunkles, echtes Kakaopulver
2 EL brauner Zucker
⅛ l Wasser
½ l Milch
etwas Kakaopulver

Zaubermilch

Du brauchst kein Zauberzwerg zu sein, um aus Milch und Kakao diesen köstlichen Schaum zu fabrizieren. Aber wo ein Zwergenzauberer nur umrührt, musst du tüchtig schlagen.

So wirds gemacht:

Die Vanilleschote aufschneiden, mit der Nelke, der Zimtstange, dem Kakaopulver und dem Zucker in das Wasser geben, auf dem Herd aufkochen lassen, dann den Topf wegziehen. Das ist sozusagen der „Kaokesso" – wie der Espresso für Erwachsene.

Nun wird der Milchschaum gemacht: Die Milch in einen schmalen, hohen Topf gießen und erhitzen. Sie darf nicht kochen – sonst schäumt sie nicht mehr so gut.

Nun mit dem Schneebesen – am besten klappt das mit einem Spiralbesen – so lange die heiße Milch schlagen, bis sie schaumig ist.

Auf zwei große Milchbecher verteilen. Jetzt ein Sieb in die Hand nehmen und den „Kaokesso" durch das Sieb auf den Milchschaum gießen.

Umrühren, mit Kakaopulver bestreuen und fertig!

Tipp:

Wahrscheinlich hast du schon erraten: Die Zaubermilch ist Milchschaum, wie es ihn für den Cappuccino gibt. Im Café wird die Milch mit einer Luftdruckdüse aufgeschäumt – oder mit einem elektrischen Quirl. Da kann man sich ganz schön verbrennen. Am einfachsten funktioniert es mit dem Spiralbesen. Wenn die Milch abkühlt, sinkt der Schaum zusammen. Dann kannst du sie wieder erhitzen und erneut aufschlagen. Die Milch schmeckt etwas „weihnachtlicher", wenn du statt Kakaopulver etwas Kardamom oder Anispulver darüber streust.

Was die Zaubermilch süß macht

Wenn du ein Schleckermaul bist, machst du einfach Milchschaum und gießt einen Schwupps Ahornsirup oder Agavendicksaft oder dünnen Honig darauf. Ahornsirup wird von Ahornbäumen gewonnen – er kommt aus Kanada und schmeckt ein bisschen würzig. Agavendicksaft wird aus den stacheligen Agavenpflanzen gekocht (man kann auch Schnaps daraus machen!) und schmeckt ganz mild. Honig ist je nach der Blüte, von der die Bienen genascht haben, dicker oder dünner. Akazienhonig gehört zu den dünnen Sorten.

Größe 1
20 20
10 10
0 0
-10 -10
ost
Harsc
Reif
Pulver-schnee
Papp-schnee

Konfekt

Bitte schön, was darfs denn sein? Das Eismännlein hat sich den größten Eiszapfen ausgesucht. Der ist für ihn wie ein Riesenlolli! Und du? Wahrscheinlich schleckst du auch gerne an Eiszapfen. Aber vielleicht magst du ja auch Marzipan, Nugat oder Schokolade? Die brauchen keine Backofenhitze, sondern Kühlschrankkälte. Und deshalb sind diese kalten Rezepte hier zusammengefasst. Auch bei Konfekt gibt es einige Dinge, die du wissen solltest:

- Konfekt bewahrst du am besten im Kühlschrank auf. Verpacke es dazu in eine gut schließende Dose. Und probiere aus, ob es dir kühlschrankkalt am besten schmeckt oder ob du es lieber magst, wenn es sich einige Zeit im Zimmer angewärmt hat.
- Flüssige Konfektmasse füllst du am besten in Konfektmanschetten aus Aluminium. Sie sind sehr stabil und außerdem schön bunt. Wenn du das Konfekt zu Kugeln rollen kannst, sind Pergament-Manschetten besser geeignet.
- Konfekt ist immer ein tolles Geschenk für Großeltern und Paten. Dazu gehört wie beim Konditor eine schöne Verpackung. Setze die Hülsen in Cellophantütchen mit Sternen und verschließe sie mit einem schönen Band, an das du noch ein Zimtbündel oder einen Tannenzweig mit Zapfen stecken kannst. Oder sammle hübsche, kleine Pappschachteln, beklebe sie mit dickem, weihnachtlichem Geschenkpapier und polstere sie mit geknülltem Seidenpapier aus. Du kannst auch aus Goldfolie eine Schachtel falten und das Konfekt hineinsetzen.

Das brauchst du für ca. 50 Knusperchen:

100 g ungesalzene Erdnüsse mit Schale
200 g Zartbitterkuvertüre
50 g Cornflakes
500 g Bananenchips
Butterbrotpapier zum Draufsetzen

Heinzels Knusperchen

Für Vögel wird das Futter in Rindertalg gepackt – das ist weißes Fett, das auch für Meisenkugeln verwendet wird. Und für Kinder? Da nimmt Heinzel natürlich Schokoladenkuvertüre! Du kannst statt Zartbitter auch Vollmilch verwenden.

So wirds gemacht:

Erdnüsse schälen und mit dem Wiegemesser in Stücke hacken.

In einer Pfanne ohne Fett anrösten, bis sie duften, und sofort auf einen Teller geben.

Einen großen flachen Teller mit Butterbrotpapier auslegen.

Kuvertüre im heißen Wasserbad schmelzen.

Erdnüsse und Cornflakes hinzugeben. Bananenchips etwas klein hacken und zur Kuvertüre geben.

Alles mit einem Holzlöffel verrühren.

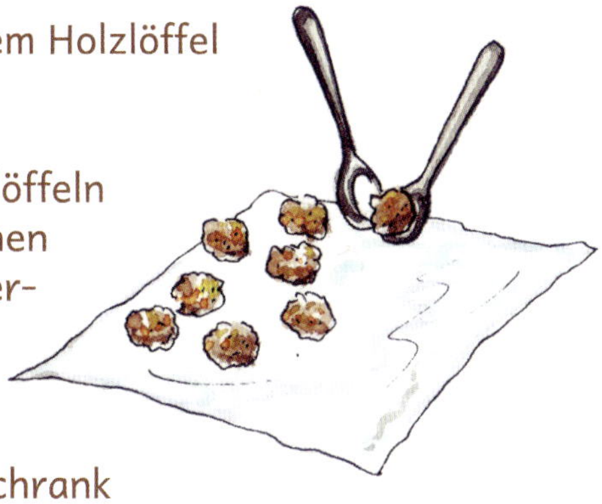

Mit zwei Teelöffeln kleine Häufchen auf das Butterbrotpapier setzen.

In den Kühlschrank stellen und fest werden lassen.

Die Knusperchen am besten immer im Kühlschrank aufbewahren, dann halten sie bis zu 3 Monate.

Variante

Du kannst die Erdnüsse auch durch Mandelblättchen, gehackte Hasel- oder Walnüsse, Pinien- oder Sonnenblumenkerne ersetzen. Du kannst also alle möglichen Reste von deiner Weihnachtsbäckerei untermischen. Und statt Banenenchips schmecken auch Kokosraspeln oder Haferflocken. Eine ganz tolle Idee: Röste statt Erdnüssen Buchweizenkörner in der Pfanne – danach schmecken sie wie Nüsse.

Süße Bretter

Eisgekühlt schmecken die süßen Bretter am besten. Serviere sie auf einem Schneetablett – danach bist du fit für die rasanteste Abfahrt!

Das brauchst du für ca. 40 Bretter:

100 g gehackte Mandeln
200 g Nuss-Nugatmasse

So wirds gemacht:

Mandeln in einer beschichteten Pfanne rösten, bis sie duften. Anschließend Nuss-Nugat mit den Mandeln verkneten – durch die Wärme wird es weich.

Im Gefrierfach (das geht am schnellsten) 15 Minuten fest werden lassen.

Herausnehmen und die Masse zwischen 2 Lagen Frischhaltefolie ausrollen.

Mit einem Messer in 2–3 cm lange und ½ cm breite Stückchen schneiden.

In eine verschließbare Dose geben und im Kühlschrank aufbewahren.

Tipp:

Nugatmasse kannst du fertig kaufen – sie besteht zum größten Teil aus Nüssen und ist weicher als Schokolade. Deshalb müssen die Bretter immer gut gekühlt sein.

Mistelmädchens Trüffelkuss

Misteln wachsen in Bäumen. Im Winter kannst du sie ganz deutlich sehen, weil sie nämlich immergrün sind – im Gegensatz zu den kahlen Bäumen. In England hängt man an Weihnachten einen Mistelzweig über die Tür. Jeder, der gerade unter dem Zweig steht, darf geküsst werden!

Das brauchst du für ca. 30 Trüffeln:

100 g weiße Kuvertüre
100 g weiche Butter
100 g Puderzucker
etwas abgeriebene Zitronenschale
ca. 150 g Kokosflocken

So wirds gemacht:

Kuvertüre im Wasserbad bei geringer Hitze schmelzen, gelegentlich umrühren.

Butter mit Puderzucker schaumig rühren. Die geschmolzene Kuvertüre zur Buttermischung geben und gut untermengen.

Zitronenschale und 100 g Kokosflocken unterheben.

Die Masse für 1 Stunde in den Kühlschrank stellen.

Anschließend aus der Masse mit den Händen kleine Kugeln formen und in den restlichen Kokosflocken wälzen.

Die Kokostrüffeln in kleine Papiermanschetten legen und kühl aufbewahren.

Variante

Wenn du lieber etwas fruchtigere Schneetrüffel haben möchtest, kannst du auch 50 g getrocknete Aprikosen unter die Buttermischung geben.

Das brauchst du für ca. 50 Stückchen:

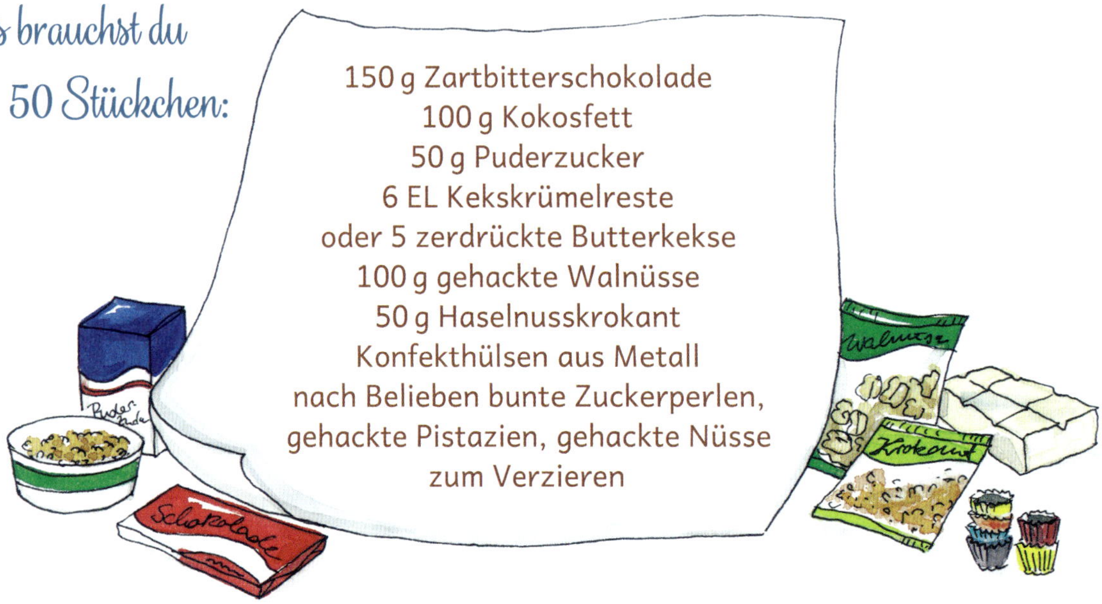

150 g Zartbitterschokolade
100 g Kokosfett
50 g Puderzucker
6 EL Kekskrümelreste
oder 5 zerdrückte Butterkekse
100 g gehackte Walnüsse
50 g Haselnusskrokant
Konfekthülsen aus Metall
nach Belieben bunte Zuckerperlen,
gehackte Pistazien, gehackte Nüsse
zum Verzieren

Reste-Keks-Konfekt

Wenn du so sparsam wie die Eichhörnchen bist, dann machst du auch noch aus Resten leckere Sachen. Vergiss aber nicht, wo du deine Schätze versteckt hast …

So wirds gemacht:

Die Schokolade in Stücke brechen und mit dem Kokosfett in einen kleinen Topf geben. Bei geringer Hitze vorsichtig schmelzen lassen, dabei immer wieder umrühren.

Puderzucker hineinsieben und noch einmal alles verrühren.

Die Kekskrümel zur Schokolade geben. Walnüsse und Haselnusskrokant hinzufügen und verrühren.

Mit einem kleinen Puppenlöffel die Masse in Konfekthülsen geben und im Kühlschrank fest werden lassen.

Tipp:

Kokosfett wird aus der Kokosnuss gewonnen. Du findest es in Platten im Kühlregal. Es ist schneeweiß und schmeckt und riecht überhaupt nicht nach Kokos. Es ist härter als Butter oder Margarine – deshalb kann man tolle Pralinen daraus machen. Aber bei Zimmertemperatur ist Kokosfett weicher als Kakaobutter (das Schokoladenfett) – und schmilzt. Also das Konfekt immer schön kühl aufbewahren!

Variante

Du kannst anstatt Walnüsse auch Erdnüsse oder Haselnüsse mit der Schokolade mischen. Ganz nussig wird es, wenn du 2 Nusssorten miteinander mischst.

Das brauchst du
für ca. 40 Stück:

300 g weiße Kuvertüre
3 EL süße Sahne
2 EL Orangensaft
abgeriebene Schale einer unbehandelten Orange
50 g Dekorschnee (Puderzucker mit Speisestärke)
zum Wälzen

Bärchens Leckerli

Mit diesen weißen Kraftkugeln kommt Eisbärchen sicher gut über den Winter. Verschenke sie in einer Schatzkiste, denn sie sind wirklich etwas Besonderes.

So wirds gemacht:

Die Kuvertüre grob zerteilen und im Wasserbad schmelzen.

Sahne, Orangensaft und Orangenschale nach und nach zugeben und gut verrühren.

Diese Masse für etwa 2 Stunden in den Kühlschrank stellen.

Anschließend die Masse mit dem Handrührgerät aufschlagen.

Mit einem nassen Teelöffel etwas davon abstechen und zu Kugeln oder Würfeln formen. Wieder eine halbe Stunde lang kühlen.

Zum Schluss die Trüffeln in Dekorschnee wälzen. Das ist eine Art Puderzucker, der mit Speisestärke behandelt ist, sodass er schön pudrig bleibt und sich nicht so schnell löst.

Tipp:

Du kannst auch Nüsse, Pistazien, Kakao oder Puderzucker zum Wälzen nehmen. Je verschiedener die Trüffeln aussehen, desto mehr Spaß hat auch das Eisbärchen beim Auspacken der Truhe!

Was ist Kuvertüre?

Aus der Kakaobohne wird Kakaobutter, die farblos ist, und Kakaomasse, die dunkel ist, gewonnen. Aus der Kakaomasse macht man auch Kakaopulver. Die Kuvertüre enthält mehr Kakaobutter als die normale Schokolade. Deshalb schmilzt die Kuvertüre besser, lässt sich leichter auf Pralinen und Gebäck verteilen und wird beim Erkalten härter als Schokolade. Die Kuvertüre gibt es in den Varianten hell (Vollmilch), dunkel (Halbbitter) und weiß. Die weiße Kuvertüre ist nur Kakaobutter mit Zucker – ohne Kakaomasse.

Das brauchst du für ca. 35 Stück:

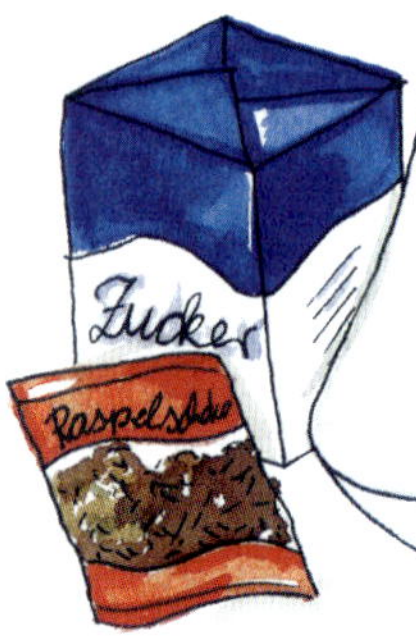

200 g gemahlene Haselnüsse
50 g Halbbitter-Raspelschokolade
200 g Zucker
1 frisches Eiweiß
ca. 35 entkernte Sauerkirschen aus dem Glas
Zucker zum Wälzen

Kullerkugeln

Diese Kugeln haben es in sich: nämlich Kirschen.
Davon bekommt das schnelle Schneemädchen die roten Bäckchen!

So wirds gemacht:

Haselnüsse mit Schokoladeraspeln und Zucker vermischen. Das Eiweiß zugeben und alles zu einem Teig verkneten. Den Teig über Nacht im Kühlschrank ruhen lassen.

Kirschen über einem Sieb abgießen und dabei den Saft in einem Behälter auffangen. Die Kirschen über Nacht abtropfen lassen.

Am nächsten Tag den Teig durchkneten. Wenn er zu fest geworden ist, ein paar Tropfen vom Kirschsaft zugeben und verkneten.

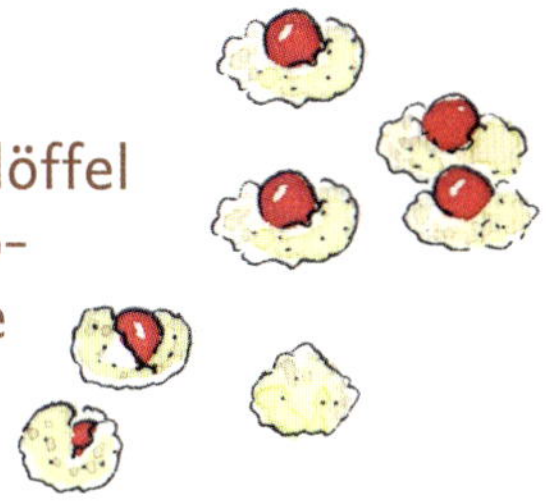

Vom Teig mit einem Teelöffel eine Portion Nussmasse abnehmen und jede Kirsche einzeln damit einwickeln und dann zu Kugeln rollen.

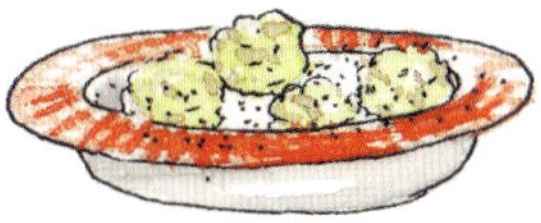

Die einzelnen Kugeln vorsichtig in Zucker wälzen.

Die Kugeln etwa 2 Tage an der Luft trocknen lassen. Danach in einer schönen Schale kühl aufbewahren.

Diese Pralinen solltest du nicht zu lange aufheben – aber sie sind so lecker, dass sie garantiert schnell aufgegessen werden.

Tipp:

Du kannst natürlich auch einfach kleine Nusskugeln ohne Kirschen machen – die sind aber dann nicht so saftig. Wenn du die Kugeln an Erwachsene verschenken willst, kannst du die Kirschen 1 Woche vorher in Schnaps einlegen.

Das brauchst du für ca. 40 Anhänger:

100 g ungesalzene Pistazien
500 g Marzipanrohmasse
200 g Vollmilchkuvertüre,
bunte Zuckerperlen und Zuckerschrift

Zum Verzieren:

Puderzucker für die Arbeitsfläche
Backpapier für das Blech

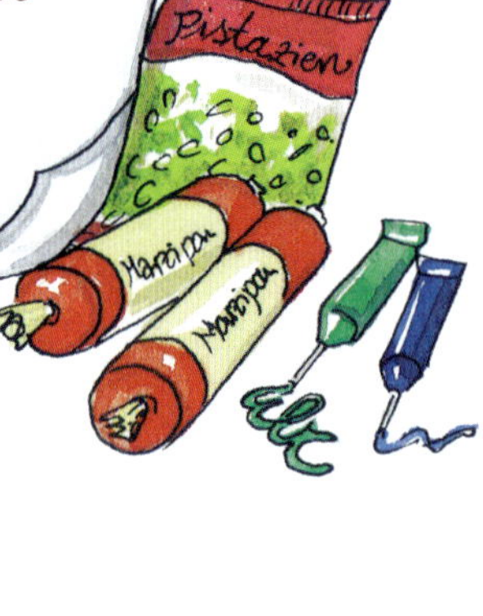

Heinzels Marzipankonfekt

Selbst gebackenen Baumschmuck findest du auf Seite 107. Aber vielleicht möchtest du ja auch ein bisschen Konfekt in den Christbaum hängen? Heimlich wie ein Heinzelmännchen?

So wirds gemacht:

Pistazien ganz fein hacken und unter die Marzipanmasse kneten. Den Backofen auf 120 Grad vorheizen. Die Masse auf einer mit Puderzucker bestäubten Arbeitsfläche etwa 1 cm dick ausrollen.

Mit Formen Tannenbäume, Monde, Kreise und Sterne ausstechen. Alles auf ein mit Backpapier ausgelegtes Backblech legen und im vorgeheizten Backofen ca. 30 Minuten mehr trocknen als backen.

Das Konfekt nach dem Backen auskühlen lassen. Kuvertüre im Wasserbad schmelzen.

Das Konfekt mit der flüssigen Kuvertüre bepinseln.

Mit Zuckerperlen und Zuckerschrift verzieren.

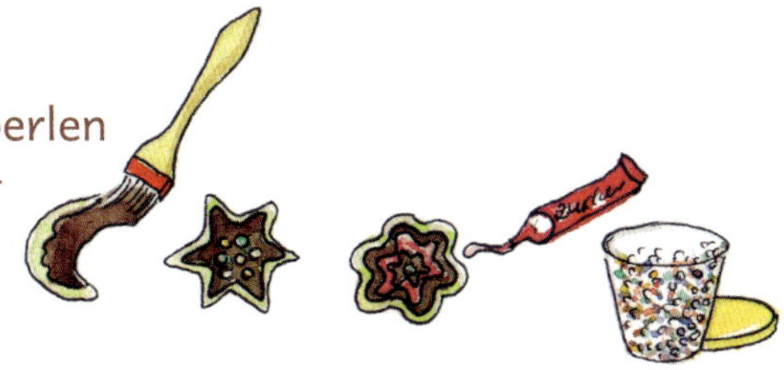

Einen Faden in eine Nadel fädeln, als Aufhänger immer durch den oberen Teil des Konfektes stechen, den Faden durchziehen und zusammenknoten.

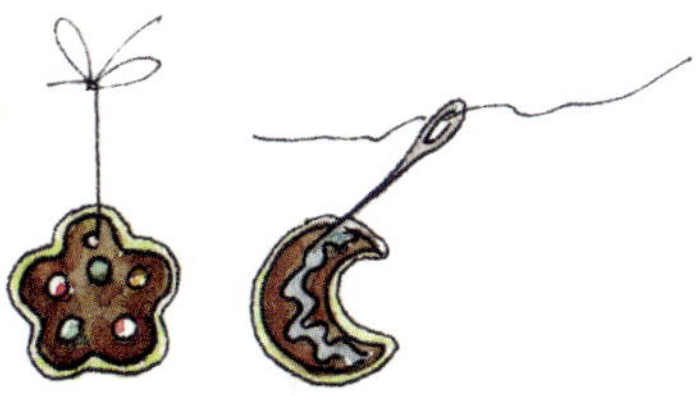

Was du noch machen kannst:

Ganz toll schmeckt es, wenn du schöne Datteln kaufst, aufschneidest und die Steine entfernst. Dann gibst du das Pistazienmarzipan hinein. Am einfachsten und köstlichsten aber schmeckt es, Marzipanrohmasse zu Kugeln zu formen und in Kakaopulver zu wälzen – das sind Marzipankartoffeln.

Wie wäre es denn mal mit selbst gemachtem Marzipan?

Marzipanrohmasse gibt es fertig zu kaufen. Sie besteht aus Mandeln und Zucker. Deshalb kannst du sie auch selber machen. Dazu gibst du ganze Mandeln in einen Topf und bedeckst sie mit Wasser. Bringe es zum Kochen. Nach zwei Minuten kannst du die Mandeln in ein Sieb schütten und dann in kaltes Wasser legen. Sie lassen sich nun ganz einfach aus der braunen Haut drücken. Jetzt die gleiche Menge Puderzucker abwiegen und mit den noch feuchten Mandeln zusammen im Blitzhacker mahlen. Wenn du magst, kannst du ein Löffelchen Rosenwasser dazugeben. Du bekommst es in der Apotheke. Hast du keines zur Hand, kannst du auch Zitronensaft zugeben – oder einfach Wasser, wenn die Masse zu trocken ist. Alle Zutaten zu einem Teig verkneten – fertig ist das selbst gemachte Marzipan!

Ida Bohatta

Ida Bohatta ist seit Generationen eine der am meisten gelesenen Kinderbuch-Illustratorinnen und -Autorinnen im deutschsprachigen Raum. Ungebrochen ist auch heute noch ihre Beliebtheit bei kleinen und großen Leserinnen und Lesern, wie die stete Nachfrage nach ihren über siebzig Büchlein Jahr für Jahr beweist. Zu Unrecht gehört „die Bohatta“ zu jener Schar der KinderbuchmacherInnen, über die sich jede Illustrationsgeschichte ausschweigt, deren Geschichten aber über alle Stile und Zeiten hinweg nicht nur Auflage um Auflage erleben, sondern bisher auch in viele Sprachen übersetzt wurden – sogar ins Japanische.

Am 15. April 1900 wurde Ida Bohatta in Wien geboren. Nach ersten Erfolgen mit Kinderbuchillustrationen entstand im Jahr 1927 die Verbindung zum Verlag Ars sacra, heute arsEdition. Der Verleger Josef Müller gab Ida Bohatta damals den ersten Auftrag für Bild- und Postkartenserien. Zwei Jahre später erschienen ihre ersten Bilderbücher mit acht bis zwölf Farbillustrationen und Texten der Künstlerin in dem kleinen und ansprechenden „Bohatta-Format“. Damit begann eine fruchtbare Zusammenarbeit, die bis zum Tode der Künstlerin am 14. November 1992 dauerte und Ida Bohatta zu einer „Klassikerin“ des Kinderbuches machte.

Dr. Andreas Bode, ehemaliger Leiter der Internationalen Jugendbibliothek München, beschrieb das Gesamtwerk der Künstlerin folgendermaßen: „Ihre Idyllen würde man falsch verstehen, wollte man in ihnen die Vorspiegelung einer heilen Welt kritisieren. Sie beschwören vielmehr eine Harmonie zwischen Glaube und Leben, Tier, Natur und Mensch, welche die Künstlerin mit der ganzen Kraft ihrer intensiven Religiosität herbeisehnte.“

Dagmar von Cramm

Dagmar von Cramm ist eine der bekanntesten Kochbuch-Autorinnen und Food-Journalistinnen Deutschlands. Dass vor allem junge Eltern sie kennen und schätzen, liegt an ihren zahlreichen Veröffentlichungen rund ums Thema Kochen für und mit Kindern. Ihr Buch „Kochen für Babys" gilt heute bereits als Klassiker der Kochbuchliteratur. Die studierte Ökotrophologin stand als Mutter selbst so oft vor der Frage „Was soll ich bloß kochen?", dass sie sich als Food-Journalistin des Themas engagiert annahm und ihr ernährungswissenschaftliches Know-how mit ihrer Erfahrung als Mutter und ihrer Fantasie als Köchin verband. Auch heute noch sind ihre inzwischen erwachsenen Söhne und ihr Ehemann Testesser in der Versuchsküche.

Kochen für Kinder ist allerdings nur ein Spezialgebiet der vielseitigen, mehrfach preisgekrönten Autorin. Über 50 Titel und zahlreiche Zeitschriften zu den unterschiedlichsten Themen wie vegetarisches Kochen, Festmenüs, Vollwertkost, Lady Fitness und vieles mehr kamen bisher zur Veröffentlichung. Seit einiger Zeit steht Dagmar von Cramm als Fachfrau für Essen und Trinken auch regelmäßig vor der Fernsehkamera.

Mit Ida Bohatta verbindet auch die Kochbuchautorin viele schöne Kindheitserinnerungen. Einem Buchprojekt, das ihre Kreativität im kulinarischen Bereich mit dem künstlerischen Schaffen Ida Bohattas verbindet, stimmte sie deshalb sofort begeistert zu. Es war für sie ein Leichtes, sich in die reiche Bilderwelt Ida Bohattas hineinzuversetzen. So entstanden rund 40 wunderbare Rezepte, die den sympathischen Bohatta-Figuren genauso gerecht werden wie den Kindern und Eltern von heute.